Fundamentos Bíblicos

Volumen 1

Conozca a Jesucristo como Señor
La nueva manera de vivir
Bautismos del Nuevo Testamento
Edifiquemos para la eternidad

por Larry Kreider

Publicaciones House to House
Lititz, Pennsylvania EE.UU.

Fundamentos Bíblicos Volumen 1
- *Conozca a Jesucristo como Señor*
- *La nueva manera de vivir*
- *Bautismos del Nuevo Testamento*
- *Edifiquemos para la eternidad*

por Larry Kreider

Copyright © 2010 DOVE International
Spanish edition

Publicaciones House to House
11 Toll Gate Road, Lititz, PA 17543 USA
Teléfono: 717.627.1996
Sitio Web: www.h2hp.com

ISBN 13: 978-1-886973-88-6
ISBN 10: 1-886973-88-1

Diseño e ilustraciones por Sarah Sauder

A menos que se especifique, las citas bíblicas que aparecen en este libro han sido tomadas de la *Santa Biblia, Nueva Versión Internacional* (NVI). © 1973,1978, 1984, publicada por la Sociedad Bíblica Internacional (Nueva Versión Internacional en español de 1999). Usada con permiso de Zondervan Publishing House. Todos los derechos reservados.

Todos los derechos reservados. Ninguna parte de este libro podrá ser reproducido en forma alguna—a excepción de breves citas para reseñas literarias—sin el permiso escrito de la editorial.

Dedicación

Dedico este libro a mi esposa LaVerne, a mi familia y a la familia DOVE en todo el mundo, con quien hemos tenido el privilegio de servir al Señor por casi treinta años. Este libro va también dedicado a toda persona que desee colocar sólidos cimientos espirituales en su vida. Y lo más importante de todo, está dedicado a Aquel que nos ha prometido que edificará Su vida en nosotros... nuestro Señor Jesucristo, a quien estoy eternamente agradecido. «Porque nadie puede poner otro fundamento que el que está puesto, el cual es Jesucristo». (1 Corintios 3:11, RV).

Agradecimientos

Doy gracias de una manera especial a mi editora y ayudante de redacción, Karen Ruiz, que hace una labor estupenda. Gracias también a los miles de creyentes de la familia DOVE en todo el mundo que han caminado con nosotros mientras aprendíamos estas verdades bíblicas fundacionales durante casi tres décadas de servicio conjunto. Hemos recorrido un largo trecho y aún seguimos aprendiendo a poner en práctica estas verdades básicas de la Palabra de Dios. Gracias a los muchos líderes espirituales del Cuerpo de Cristo en general, de muchas denominaciones distintas, que nos han ofrecido innumerables ideas espirituales que nos han ayudado a conformar este libro. Y un agradecimiento especial al equipo de líderes de DOVE con el que he tenido el honor de servir por más de 25 años, y que se ha esforzado incansablemente para proporcionarme tiempo para escribir este libro. ¡Es un gozo servir a nuestro Señor juntamente con ustedes!

Recomendaciones

La pasión de Larry Kreider por la iglesia que Jesucristo está edificando es multi-dimensional. Claramente, tal como indica este libro, además de ser un incendiario de la evangelización y emprendedor de la fundación de iglesias, el pastor Kreider es un líder que infunde verdad transformadora y vivificante en nuevos creyentes; afirma a discípulos consagrados para garantizar un desarrollo continuo del Reino de Dios y un sano crecimiento de la vida y testimonio del cristiano.

—Dr. Jack W. Hayford, Presidente, Iglesia Cuadrangular Internacional Canciller, The King's College y Seminario, Pastor Fundador, The Church on the Way

Con demasiada frecuencia en nuestras iglesias nosotros descuidamos los conceptos básicos. Por eso nosotros parecemos tener tales muchos a creyentes renacidos que son disfuncionales. Estoy eufórico que Larry Kreider fuertemente volvernos a los conceptos básicos. Sus libros causarán que usted comprenda lo que usted cree realmente y cómo trabaja fuera en vida diaria. ¡Larry ha proporcionado un nuevo tesoro maravilloso para el Cuerpo de Cristo!

—C. Peter Wagner, Rector Instituto de Liderazgo de Wagner

Sumario

Introducción 7
Conozca a Jesucristo como Señor 9
Capítulo 1 Edifique un sólido fundamento 11
Capítulo 2 Calcule el costo 21
Capítulo 3 Confianza total 31
Capítulo 4 ¿Caliente, frio o tibio? 41

La nueva manera de vivir 49
Capítulo 1 Obras versus fe 51
Capítulo 2 Fe en Dios 61
Capítulo 3 Una poderosa combinación: Fe y Palabra 69
Capítulo 4 Vivir en victoria 77

Bautismos del Nuevo Testamento 87
Capítulo 1 Bautismo en agua 89
Capítulo 2 Diferentes tipos de bautismos 99
Capítulo 3 El Bautismo en el Espíritu Santo Parte 1 107
Capítulo 4 El Bautismo en el Espíritu Santo Parte 2 117

Edifiquemos para la eternidad 127
Capítulo 1 La participación de bendición y sanidad 129
Capítulo 2 Impartamos autoridad 139
Capítulo 3 Viviremos para siempre 149
Capítulo 4 Dios juzgará a todos 159

Libros de esta serie

Este es el primer libro en una serie de libros designados a ayudar a los creyentes a construir un sólido Fundamento Bíblico en sus vidas.

Volumen 1
1 **Conozca a Jesucristo como Señor**
   El propósito de Dios para nuestras vidas a través de una relación personal con Jesús
2 **La nueva manera de vivir**
   El verdadero arrepentimiento y fe hacia Dios
3 **Bautismos del Nuevo Testamento**
   Cuatro bautismos incluyendo el bautismo en agua y el bautismo en el Espíritu Santo
4 **Edifiquemos para la eternidad**
   La esperanza de la resurrección, la imposición de manos y el juicio eterno

Volumen 2
5 **Vivir en la gracia de Dios**
   Aplicando la gracia de Dios en la vida cotidiana
6 **Libres de la maldición**
   Cristo trayendo libertad en cada área de nuestras vidas
7 **Aprendiendo a intimar con Dios**
   Cómo depender de nuestra relación con Jesucristo
8 **¿Qué es la Iglesia?**
   Encontrando nuestro lugar en la familia de Dios

Volumen 3
9 **Autoridad y responsabilidad**
   Cómo responder al liderazgo y con los creyentes que Dios pone en nuestras vidas
10 **La perspectiva de Dios en cuanto a las finanzas**
   Cómo quiere Dios que su pueblo administre el dinero
11 **Llamados a ministrar**
   Cada cristiano ha sido llamado a servir
12 **La Gran Comisión**
   El propósito de vivir en este planeta

Introducción

En la ciudad de Pisa, Italia, unos constructores habían puesto la primera piedra para un magnífico campanario. El material y trabajo invertido no tenían paralelo en toda la época del Renacimiento. De pronto, un terrible error apareció, una ligera «inclinación» se hizo notoria.

La falla de su cimentación paso a ser más importante que el brillante diseño de construcción. Desafortunadamente, la torre había sido edificada sobre un suelo pantanoso, a sólo 3 metros sobre el nivel del mar. Actualmente, la famosa «Torre Inclinada de Pisa» se ha ganado la reputación de ser una rareza de arquitectura.

En más de 30 años de ministerio, como joven obrero, pastor, líder y siervo, he visto acontecer el mismo panorama en la vida de nuevos creyentes alrededor del mundo. Muchos inician su naciente fe con gran celo, pero luego naufragan al golpearse en desalientos y problemas. Por todas partes hay jóvenes cristianos (suficientemente mayores para saberlo) que están levantando torres defectuosas, usando ladrillos de su propia habilidad, don y visión. Lamentablemente, sus fundamentos o cimientos son tan inestables como el suelo pantanoso bajo la Torre de Pisa. Cada uno de ellos, sin excepción, necesita un sólido fundamento bíblico para su nueva vida.

El fundamento de la fe cristiana se edifica sobre Jesucristo y su Palabra, la Santa Biblia. Estos *Fundamentos Bíblicos* incluyen las bases de la doctrina bíblica que necesitas para poner un sólido fundamento espiritual en tu vida.

Aquí exponemos las verdades fundamentales de la Palabra de Dios con ejemplos modernos para ayudarte a entender con facilidad las bases del cristianismo. Usa este libro para establecer una base sólida para tu vida; y si ya eres un cristiano maduro, este libro te pueden servir como excelente herramienta para discipular a otros.

Que este día su Palabra se haga vida en ti.

—Dios te bendiga, Larry Kreider

Como usar este recurso

Estudio personal
Léalo de principio a fin como un programa de estudio individual para construir un cimiento cristiano firme y desarrollar su madurez espiritual.
- Cada capítulo contiene un versículo clave para memorizar.
- Cada lectura incluye preguntas de reflexión personal.

Tiempo devocional diario
Úselo en su tiempo devocional para un estudio diario de la Palabra de Dios.
- Cada capítulo está dividido en 7 secciones para cada día de la semana.
- Cada día incluye preguntas para reflexionar.

Mentor y consejero
Úselo para ser mentor, (padres espirituales) para estudiar, orar y debatir juntos principios para la vida.
- El maestro estudia el material de los capítulos y enseña.

Estudios para grupos pequeños
Estudie estos importantes fundamentos Bíblicos en un contexto de grupo pequeño.
- El maestro estudia el material de los capítulos y enseña.

Enseñe como un curso de fundamentos Bíblicos
Estas enseñanzas pueden ser impartidas por un pastor u otro líder cristiano como curso básico de fundamentos bíblicos.
- Los alumnos deben leer una porción asignada.
- En la clase, el maestro enseña el material asignado.

Fundamentos Bíblicos 1

Conozca a Jesucristo como Señor

CAPÍTULO 1

Edifique un sólido fundamento

Versículo clave para memorizar

Que si confiesas con tu boca que
Jesús es el Señor, y crees en tu corazón
que Dios lo levantó de entre
los muertos, serás salvo.

Romanos 10:9

Día 1
El fundamento de Jesucristo

Hace muchos años trabajé en construcción civil. Lo primero que aprendí fue que, para edificar una casa, primero hay que *poner un fundamento sólido*. De igual manera, nuestra vida cristiana debe ser edificada sobre el seguro fundamento de Jesucristo. Él es el fundamento de la fe cristiana *porque nadie puede poner un fundamento diferente del que ya está puesto, que es Jesucristo* (1 Corintios 3:11). Si edificamos sobre alguna otra cosa, nuestro fundamento espiritual será defectuoso y colapsará cuando vengan las pruebas y tempestades (y de seguro que vendrán). Si nuestro fundamento es fuerte, permaneceremos firmes, no importa cuán fuerte sople el viento.

Este libro, y los 11 siguientes de la serie, te ayudarán a continuar edificando, luego de establecer la base de un encuentro personal con Cristo, dijo Juan *«Yo soy el camino, la verdad y la vida —le contestó Jesús—. Nadie llega al Padre sino por mí»* (Juan 14:6).

Mucha gente tiene un falso entendimiento de lo que significa ser cristiano. Algunos piensan que si vives en una «nación cristiana» como en los EE.UU. entonces automáticamente eres cristiano. Otros creen que, porque sus padres son cristianos, ellos también lo son. El ser cristiano no está basado en nuestro trasfondo étnico o familiar, sino en una *relación*. Saber *acerca* de Dios no significa que le conozcamos personalmente. Tú puedes saber acerca de la Reina de Inglaterra, pero no la conoces personalmente. No podemos conocer a Dios sino a través de una relación personal con Él. Cristianismo es tener una relación personal con el Dios viviente.

Liz se hizo cristiana a través de una vecina que se mudó al lado de su casa. Ella recuerda: «Judy hablaba de Dios en términos tan íntimos que podría decirse que ella realmente conocía a Dios. Siempre actuaba como si Dios viviera con ella en casa.» Liz rindió su vida a Cristo porque anhelaba una relación con Dios como la que Judy tenía.

El fundamento básico para una vida cristiana debe ser edificado sobre Jesucristo quien desea conocernos en forma personal. En este libro vamos a ver cómo Dios se ha revelado a nosotros a través de Jesucristo. *Y ésta es la vida eterna: que te conozcan a ti, el único Dios verdadero, y a Jesucristo, a quien tú has enviado* (Juan 17:3).

Reflexión
¿Cómo es posible saber todo acerca de Dios pero no conocerlo realmente? De acuerdo a Juan 14:6 ¿cómo se puede conocer a Dios?

Día 2
¡Dios quiere conocernos en forma personal!

Nuestro universo y todo lo que hay en él tiene un orden y un diseño. Su complejidad y belleza nos sugieren que hay un Creador inteligente detrás de todo ello. Dios ha establecido que la belleza del universo lo manifieste (Salmos 19:1). En Romanos el apóstol Pablo nos dice que Dios se manifiesta a través de la naturaleza y de un interno e intuitivo reconocimiento de Él. *Porque desde la creación del mundo las cualidades invisibles de Dios, es decir, su eterno poder y su naturaleza divina, se perciben claramente a través de lo que él creó, de modo que nadie tiene excusa* (Romanos 1:20).

En la naturaleza se halla evidencia de su existencia, pero realmente Él debe ser aceptado por fe. *En realidad, sin fe es imposible agradar a Dios, ya que cualquiera que se acerca a Dios tiene que creer que él existe y que recompensa a quienes lo buscan* (Hebreos 11:6).

Si una persona no quiere creer en Dios puede hallar un millón de razones para no hacerlo. Aunque pensándolo bien, se requiere más fe para no creer en Dios que para creer en Él.

Mucha gente piensa que Dios es un ser distante e impersonal reinando sobre su creación sin prestar mucho interés, e interviniendo únicamente cuando los humanos claman a Él para que actúe a favor de ellos. «Dios está mirándonos desde la distancia» era el coro de una famosa canción de un cantante pop americano. Pero este punto de vista es totalmente incorrecto.

La Biblia dice que Dios busca a la humanidad porque desea tener compañerismo con ellos. Dios, el Creador y Gobernante del universo, quien existe desde antes del inicio de los tiempos, nos creó a su imagen. Y dijo: *Hagamos al ser humano a nuestra imagen y semejanza. Que tenga dominio sobre los peces del mar, y sobre las aves del cielo; sobre los animales domésticos, sobre los animales salvajes, y sobre todos los reptiles que se arrastran por el suelo* (Génesis 1:26).

Él quiere que la humanidad refleje su imagen. ¡El Creador del universo desea tener amistad y relación personal contigo! Él desea que le conozcas y quiere ser tu mejor amigo. *Así manifestó Dios su amor entre nosotros: en que envió a su Hijo unigénito al mundo para que vivamos por medio de él* (1 Juan 4:9).

Reflexión
Podemos ver a Dios en la naturaleza, pero ¿cómo podemos creer verdaderamente que Él existe (Hebreos 11:6)? ¿Por qué Dios busca a la humanidad?

Día 3
Jesús, el único camino a Dios

Fuimos creados para compartir una cercana y amante relación con Dios y los unos con los otros. Las relaciones son el tema central para Dios. Nos creó para vivir en un compañerismo inquebrantable con Él. Pero los primeros seres humanos, creados sin pecado y en perfecto compañerismo con Dios, se rebelaron en el Jardín del Edén. Cuando Satanás los tentó para comer del fruto prohibido, del único árbol del huerto que Dios les prohibió probar, su pecado de desobediencia los separó de Dios (Génesis 3:6, 14-19).

¿Quería Dios que la humanidad pereciera en su pecado? ¡No! Él nos amó y no paró hasta alcanzarnos. En la Biblia no vemos al hombre buscando a Dios, sino a Dios alcanzando al hombre. *No me escogieron ustedes a mí, sino que yo los escogí a ustedes...* (Juan 15:16).

Pero, ¿qué posibilidad tenía el hombre para conocer al Dios eterno? Dios es infinito, todopoderoso y omnisciente (Isaías 40:12-18;55:8,9). ¿Cómo podemos relacionarnos con un Dios tan asombroso? Esto es posible a través de Jesucristo. Dios tomó la iniciativa de revelarse a sí mismo en Jesucristo. Él nos alcanzó a través de Cristo. Podemos conocer al Padre por medio de Jesús. Él mismo dijo: *Si ustedes realmente me conocieran, conocerían también a mi Padre. Y ya desde este momento lo conocen y lo han visto. —Señor —dijo Felipe—, muéstranos al Padre y con eso nos basta. —¡Pero, Felipe! ¿Tanto tiempo llevo ya entre ustedes, y todavía no me conoces? El que me ha visto a mí, ha visto al Padre. ¿Cómo puedes decirme: "Muéstranos al Padre"?* (Juan 14:7-9).

Cuando vemos a Jesús, vemos a Dios Padre. Debemos aceptar y creer en Jesús para conocer a Dios.

Muchos piensan que hay varios caminos para llegar a Dios, pero la Biblia es clara al respecto al afirmar que nadie puede venir a Dios e ir al cielo sino sólo a través de Jesucristo (Juan. 14:6, Hechos 4:12). La Biblia no nos dice que todos serán salvos (Mateo. 25:41,42). También importa qué creemos, no sólo cuán sinceros seamos (Hechos 17:22-31). Debemos creer por fe que Jesús es «el Camino, la Verdad y la Vida», y que sólo podemos llegar a Dios a través de Jesucristo.

Reflexión
¿Para qué fuiste creado? ¿Qué nos aleja de Dios? ¿Cómo podemos conocer a Dios, de acuerdo a Juan 14:9?

Día 4
Reconozcamos que estamos perdidos en nuestros pecados

Para ser salvos y conocer a Jesús como Señor, primero necesitamos reconocer que estamos perdidos. *Por cuanto todos pecaron y están destituidos de la gloria de Dios* (Romanos 3:23).

Todos somos pecadores. La palabra «pecado» literalmente significa errar al blanco (de la perfecta voluntad de Dios). Es muy difícil que alguien que practica tiro al blanco acierte todas las veces. De vez en cuando dejará de acertar. El pecado yerra el blanco de la perfecta voluntad de Dios, tal como está revelada en su Palabra y nos separa de Dios. Todos hemos pecado. Pero Jesús vino a resolver el problema del pecado. *Y cuando él venga, convencerá al mundo de su error en cuanto al pecado, a la justicia y al juicio* (Juan 16:8).

Alguien preguntó a D. L. Moody, un evangelista del siglo XIX: «Yo sólo tengo uno o dos pecados, ¿por qué Dios me rechazaría?» Moody le respondió: «Si tratas de subir un techo usando una cadena, bastaría un sólo eslabón roto para caerte al suelo, no importa si los demás eslabones están en perfecto estado. De igual modo, un sólo pecado puede hacerte pasar la eternidad separado de Dios.» Moody tenía razón; un sólo pecado puede separarnos de Dios. Dios nos ama pero odia el pecado.

Conozca a Jesucristo como Señor

El pecado es como el cáncer. Si un familiar mío tiene cáncer de piel en el brazo, cada vez que viera eso, lo odiaría. Es así cómo Dios ve el pecado. Dios sabe que el pecado destruirá a la gente, originalmente creada para tener compañerismo con Él. Pero Dios nos ama, y no desea destruirnos. Pero si tercamente nos aferramos a nuestros pecados, seremos destruidos.

Una vez que reconozcamos que hemos errado al blanco, debemos creer que Jesús puede salvarnos de ese estado de perdición al que estamos condenados. *El que cree en él no es condenado, pero el que no cree ya está condenado por no haber creído en el nombre del Hijo unigénito de Dios* (Juan 3:18).

Reflexión
¿Qué evidencia en tu experiencia has visto, que te convenza que la humanidad está perdida?

Día 5
Arrepentirse y creer

Dios, en su gran misericordia y amor, no podía dejar a la humanidad en un estado de pecado y condenación. Él nos ama mucho y no quiere vernos perecer en nuestro pecado. *El Señor no tarda en cumplir su promesa, según entienden algunos la tardanza. Más bien, él tiene paciencia con ustedes, porque no quiere que nadie perezca sino que todos se arrepientan* (2 Pedro 3:9).

La voluntad de Dios es que no muramos en pecado. El pecado demanda un gran castigo: la pena de muerte. Es decir, nuestros pecados pagan un terrible salario, el salario de muerte, de acuerdo a Romanos 6:23: *Porque la paga del pecado es muerte, mientras que la dádiva de Dios es vida eterna en Cristo Jesús, nuestro Señor.*

Ganamos o merecemos según lo que trabajemos. Si trabajamos para el pecado, viviremos en confusión y desorden, apartados de Dios. La muerte es el salario que recibimos por nuestros pecados (separación espiritual de Dios por toda la eternidad). Pero la buena noticia es que Dios ha provisto una salida. A pesar que «el sueldo del pecado es la muerte», Dios ofrece el regalo de la salvación y vida eterna a través de Jesucristo.

Dios envió a Jesús para ofrecernos un nuevo reino, el cual se establecería primero en nuestros corazones. Y sucede, cuando nos arrepentimos de nuestros pecados y creemos en la verdad del evangelio. *Después de que encarcelaron a Juan, Jesús se fue a Galilea a anunciar las buenas nuevas de Dios. «Se ha cumplido el tiempo —decía—. El reino de Dios está cerca. ¡Arrepiéntanse y crean las buenas nuevas!»* (Marcos 1:14-15).

La voluntad de Dios es que nos volvamos de nuestros pecados a Él. Su deseo es que todos vengan al verdadero arrepentimiento. *Pues bien, Dios pasó por alto aquellos tiempos de tal ignorancia, pero ahora manda a todos, en todas partes, que se arrepientan* (Hechos 17:30).

La palabra *arrepentimiento* significa: *cambiar, volverse, revertir una decisión, transformarse*. Si estás yendo en una dirección, arrepentirse significa tomar la decisión de cambiar e ir en otra dirección. Si estás yendo hacia algún lugar y te das cuenta que has tomado el camino equivocado, debes volver e ir en otra dirección. Si cambias tu mente, cambian tus acciones.

Un amigo mío escuchaba una emisora de radio mientras manejaba su auto. Entonces el locutor comenzó a decir: «Alguien está conduciendo y necesita ahora mismo volver su vida a Dios». Mi amigo fue convencido de pecado y dijo: «Ese soy yo.» Estacionó su auto a un lado del camino y empezó a llorar, mientas se arrepentía de sus pecados y entregaba su vida a Jesús. De allí en adelante su vida fue totalmente distinta. La decisión que tomó involucró una acción externa: dejar sus pecados y volverse al Padre.

Una buena definición de arrepentimiento es esta: «Arrepentimiento es resueltamente dejar todo aquello que desagrada a Dios. No se trata de ser mejores y recién invitar al Señor a entrar a nuestras vidas. Al contrario, debido a que no podemos perdonarnos o mejorar por nosotros mismos, necesitamos que Jesús venga primero, y debemos estar dispuestos a cualquier ajuste que a Él le parezca, sin resistirnos y mucho menos tratando de negociar en nuestros propios términos, todo lo contrario debemos rendirnos totalmente al Señorío de Cristo.»

Reflexión
¿Qué salario paga el pecado, de acuerdo a Romanos 6:23? Describe la palabra arrepentimiento en tus propias palabras.

Día 6
Confesar a Jesús como Señor

Venimos a Cristo al confesar y creer que sólo Él puede salvarnos de una vida apartada de Dios. Así como una pareja confiesa su compromiso el uno al otro el día de la boda para así empezar una vida en común, igualmente confesamos a Jesús como nuestro Señor para empezar una relación con Dios: *que si confiesas con tu boca que Jesús es el Señor, y crees en tu corazón que Dios lo levantó de entre los muertos, serás salvo* (Romanos 10:9).

Un hombre tenía dificultades para saber si era o no cristiano. Entonces tomé su Biblia y le mostré Romanos 10:9 y le pedí que lo leyera. Lo hizo una y otra vez y de repente fe brotó de su corazón. Entonces muy emocionado dijo: «¡Ahora sí sé que soy cristiano!» ¿Qué sucedió? No siguió basando su fe en sus sentimientos sino en lo que Dios dice en su Palabra. Confesó con su boca que Jesús es el Señor y experimentó la verdadera salvación.

¿Qué significa conocer a Jesús como Señor de nuestras vidas? Señor significa: gobernador, rey, jefe, alguien en completo control de nuestras vidas. Y aún más que eso, confesar a Jesús como Señor es una confesión de la divinidad de Cristo. No sólo confesamos que Él está en control total de nuestras vidas, sino también que Él es Dios.

En el tiempo de Jesús, César, el emperador, era llamado «Señor.» Cuando un soldado romano saludaba a otra persona, decía «¡César es señor!» Y lo que realmente estaban diciendo es que César es dios.

Cuando un soldado saludaba a un cristiano, éste le respondía: «¡Jesús es Señor!» Y por consiguiente eran castigados y frecuentemente arrojados a los leones. Muchos fueron martirizados por causa de Cristo. ¡Los primeros cristianos entendían claramente el Señorío! Sabían que se requería de ellos un compromiso total.

En la Biblia, la palabra «salvador» es mencionada 37 veces y la palabra «Señor» 7736 veces. En el Nuevo Testamento encontramos la palabra «Salvador» 22 veces, y la palabra «Señor» la encontramos 334 veces. Ambas son importantes, pero el énfasis está en que Jesús es el *Señor* de nuestras vidas.

Hoy tenemos el privilegio de confesar a Jesús como Señor porque queremos hacerlo y no porque se nos obliga. Pero en el día del juicio, cuando Jesús vuelva, todos tendrán que reconocer su señorío y arrodillarse ante Él, de acuerdo a Filipenses 2:10-11. *Para que ante el nombre de Jesús se doble toda rodilla en el cielo y en la tierra y debajo de la tierra, y toda lengua confiese que Jesucristo es el Señor, para gloria de Dios Padre.*

Reflexión
¿Qué significa para ti tener a Jesús como Señor de tu vida?

Día 7
¡Recibe la salvación y sé un hijo de Dios!

Jesús tomó hace 2000 años nuestro lugar en la cruz, para así nosotros poder conocer a Dios. *Porque Cristo murió por los pecados una vez por todas, el justo por los injustos, a fin de llevarlos a ustedes a Dios. Él sufrió la muerte en su cuerpo, pero el Espíritu hizo que volviera a la vida* (1 Pedro 3:18).

Cuando recibimos a Jesús como Señor, llegamos a ser hijos de Dios. *Mas a todos los que lo recibieron, a quienes creen en su nombre, les dio potestad de ser hechos hijos de Dios* (Juan 1:12).

Una vez, mientras hablaba a un grupo de adolescentes en Escocia, saqué cierta cantidad de dinero de mi bolsillo y se lo ofrecí a un joven de la audiencia. Le dije que él podría decir «yo *creo* en el dinero» pero que necesitaba *recibirlo* para que sea suyo. También le dije: «Si tú lo recibes, es un regalo de mi parte; no tienes que hacer nada para ganártelo, simplemente es tuyo.» ¡Y por su puesto que lo tomó!

Tú puedes creer en Jesús, pero sólo obtienes la salvación si recibes el regalo de Dios para ti: Jesucristo. La salvación es un regalo; no puedes ganártela. No mereces la salvación, pero Dios te la da porque te ama. Sólo obtendrás la salvación y la vida eterna si aceptas el regalo de Dios e invitas a Jesús a ser el Señor de tu vida.

¿Has pedido a Jesús que venga a tu vida como Señor y Rey? Si no lo has hecho, lo puedes hacer ahora mismo. La Escritura dice que *hoy es el día de salvación* (2 Corintios 6:2).

Toma un momento y haz la oración de salvación que aparece en la siguiente página. ¡Y comienza tu nueva vida en Cristo hoy! Encuentra a alguien con quien hablar, alguien que pueda alentarte y ayudarte en tu crecimiento espiritual. Y espera que el Señor te use en forma poderosa mientras aprendes a conocerlo y a responder a su voz ¡Dios te bendiga!

Reflexión
¿Cuál es la diferencia entre creer y recibir a Cristo? La salvación es un regalo, ¿deseas recibir el regalo de Dios: Jesucristo?

Oración de salvación

Yo confieso a Jesús como Señor y Rey de mi vida. Yo creo en mi corazón que resucitó de los muertos. Señor, te confieso que muchas veces «fallé al blanco» y tomé mi propio camino. Pero en este momento yo recibo a Jesús como el sacrificio por mis pecados, y a partir de este momento me declaro una nueva criatura en Jesucristo. Las cosas viejas pasaron, todas las cosas son hechas nuevas. ¡Cristo vive en mí!

¡Al confesar a Jesucristo como mi Señor y creer en mi corazón que resucitó de los muertos, sé que soy salvo! ¡Acabo de recibir la vida eterna como un regalo tuyo! Amén.

CAPÍTULO 2

Calcule el costo

Versículo clave para memorizar

...Si alguien quiere ser mi discípulo, que se niegue a sí mismo, lleve su cruz cada día y me siga. Porque el que quiera salvar su vida, la perderá; pero el que pierda su vida por mi causa, la salvará.

Lucas 9:23-24

Día 1
Requiere un compromiso total

Hace años, cuando trabajaba en un ministerio con jóvenes, solía decir a los jóvenes: «Si quieres paz mental, amigos y cosas para progresar en la vida, ven a Jesús. Él te ayudará.» Y muchos respondían comprometiéndose con Jesús. Pero dos meses después volvían a sus andanzas en vez de obedecer al Señor. En muchos casos se volvían peores que antes de comprometerse con Cristo. Nunca entendieron que Jesús debe ser su Señor. «Vinieron a Jesús» por lo que podían conseguir a cambio, en vez de recibir a Jesucristo como Señor y jefe absoluto de sus vidas.

La Biblia nos dice en Romanos 10:13 *porque «todo el que invoque el nombre del Señor será salvo.»* Invocar al «Señor» significa desear que sea amo, jefe y gobernante total de cada parte de nuestras vidas, cada minuto del día. Y esto requiere un total compromiso.

Muchas veces los cristianos predicamos a un Jesús «débil.» Yo mismo incurrí en esto, pero cambié mi ofrecimiento y vi un fruto permanente. A los siguientes grupos de jóvenes comencé a decirles: «Jesús debe ser el Señor de tu vida. ¿Estás dispuesto a morir si tuvieras que hacerlo?» Quedé asombrado con sus respuestas. Ahora calculaban seriamente el costo antes de hacer su compromiso con Cristo, así como Jesús mismo lo requirió en Lucas 14:33: *De la misma manera, cualquiera de ustedes que no renuncie a todos sus bienes, no puede ser mi discípulo.* Como resultado, experimentaban ellos un cambio duradero.

Una vez alguien le preguntó a un anciano cristiano de Suiza: «¿Qué pasaría si, hablando con un joven interesado en Dios, le dijeras que debe dejarlo todo para seguir a Jesús, pero él no está listo. Y de pronto, al salir, un auto le golpea y muere? ¿Cómo te sentirías con tus "ideas fanáticas"?» el anciano respondió: «Me sentaría y lloraría, pero luego me levantaría e iría a la siguiente persona a decirle lo mismo.» Este suizo sabía que un compromiso total es un compromiso duradero. Tenía que decir la verdad y dejar a cada persona tomar su propia decisión.

El Señor pide un total compromiso. Los verdaderos cristianos tienen a Jesús como Señor en cada área de sus vidas y lo demuestran. Por lo tanto, antes de comprometernos con Él, hay que calcular el costo seriamente.

Reflexión
¿Antes de comprometerte con Cristo, cómo calculaste el costo?

Día 2
Considere el costo

Grandes multitudes seguían al Señor. Se sentían emocionados de seguir a un nuevo líder, alguien que les hablaba con autoridad. Pero Jesús sabía que la atracción que ellos sentían por Él era bastante superficial. Él quería que ellos meditaran sobre el real significado de seguirle, así que les narró una parábola. *«Supongamos que alguno de ustedes quiere construir una torre. ¿Acaso no se sienta primero a calcular el costo, para ver si tiene suficiente dinero para terminarla? Si echa los cimientos y no puede terminarla, todos los que la vean comenzarán a burlarse de él* (Lucas 14:28-29).

Jesús expuso un clarísimo mensaje acerca de calcular el costo de seguirle. Enfatizó que cada quien debería entender los términos del discipulado y no tomarlo a la ligera. *«Si alguno viene a mí y no sacrifica el amor a su padre y a su madre, a su esposa y a sus hijos, a sus hermanos y a sus hermanas, y aun a su propia vida, no puede ser mi discípulo.* (Lucas 14:26). La diferencia entre nuestro amor por Dios y por nuestros seres queridos debe ser abismal, como la diferencia entre el amor y el odio. Se nos ordena amar a todos y a nuestro prójimo como a nosotros mismos. Pero cuando comparamos ese amor con el amor que debemos tener por Dios, no existe comparación alguna. Si Jesús es el Señor de mi vida, entonces Él es Señor de mi matrimonio, dinero, familia, posesiones, futuro, etc. ¡Él es el Señor de todo!

Hace años, guiamos a una amiga judía a creer y recibir a Cristo. Como resultado, su familia y muchos de sus amigos la rechazaron y no quisieron hablarle nunca más. Ella lo soportó todo, porque entendió claramente el costo de hacer a Jesús el Señor y gobernante de su vida.

Charles Finney, quien vivió hace 200 años, fue un evangelista que con frecuencia predicaba en las universidades. Después de su muerte, una encuesta reveló que el 80% de los que se comprometieron con Jesús en esas cruzadas universitarias, años después, aún vivían para Dios vidas victoriosas. Hoy, las estadísticas nos dicen que sólo el 2% de aquellos que han dado sus vidas a Jesús en una cruzada evangelística, unos años después, mantienen una relación vital con Jesús. Finney predicaba a los estudiantes, luego les pedía que se fueran a almorzar y que después regresaran si realmente querían arrepentirse y estar a cuentas con Dios. Quería darles tiempo para calcular el costo; quería asegurarse que realmente comprendían lo que estaban haciendo. Entonces, cuando *se arrepentían,* era porque habían considerado el costo de su compromiso con Jesús, y no estaban tomando una decisión a la ligera o por emoción.

Reflexión
¿Qué significa «aborrecer» a nuestros familiares y aún nuestra propia vida, antes de ser discípulos de Jesús (Lucas 14:26)?

Día 3
Cargue la cruz

¿Qué significa estar completamente comprometido con Jesús? Hay una vieja historia acerca de una gallina y un cerdo que, caminando juntos, se encontraron con unos hombres que por varios días no habían comido nada. La gallina dijo al cerdo «¿por qué no les damos un desayuno de jamón y huevos?» «Eso es fácil de decir para ti», replicó el cerdo. «Para ti es sólo un pequeño sacrificio, pero para mí es un compromiso total». El cerdo tenía que morir para alimentar a aquellos hombres.

Está es la misma verdad para los cristianos. Debemos literalmente morir a nuestros deseos una vez comprometidos con Jesús, porque Él ya dio su vida por nosotros. Jesús dijo que debemos cargar nuestra cruz o no podremos ser sus discípulos. *El que no lleva su cruz y viene en pos de mí, no puede ser mi discípulo. Así, pues, cualquiera de vosotros que no renuncie a todo lo que posee, no puede ser mi discípulo (*Lucas 14:27,33).

En la historia bíblica, cargar públicamente una cruz, era la marca de un condenado a muerte. Todo el mundo sabía que él iba a morir. El costo de convertirse en seguidor de Cristo es una completa renuncia a todos los reclamos de ser dueños de nuestra propia vida. Cargar la cruz es un símbolo de morir a nosotros mismos. La escritura dice que debemos «tomar nuestra cruz» cada día y seguir a Jesús. *Dirigiéndose a todos, declaró: —Si alguien quiere ser mi discípulo, que se niegue a sí mismo, lleve su cruz cada día y me* siga. *Porque el que quiera salvar su vida, la perderá; pero el que pierda su vida por mi causa, la salvará* (Lucas 9:23-24).

¡Cuando mueres a tus pecados, salvas tu vida! Te liberas de la esclavitud del pecado y te conviertes en alguien comprometido con el servicio a Dios, de acuerdo a (Romanos 6:22) *Pero ahora que han sido liberados del pecado y se han puesto al servicio de Dios, cosechan la santidad que conduce a la vida eterna.*

Una joven de Filadelfia, Estados Unidos, vivía por años esclavizada en prostitución y drogas. Cuando rindió su vida a Jesús, comenzó a usar unos aretes en forma de cruz, para que le recuerden que ahora es una esclava de Jesús. Ella nunca más fue esclava del pecado, sino que escogió cargar su cruz y seguir a Jesús.

La salvación es un regalo de Dios, pero cuando recibimos este regalo tenemos la responsabilidad de servir al Dios Viviente y no volver atrás.

Reflexión
En tu experiencia, ¿cómo has perdido tu vida por Jesús para salvarla?

Día: 4
Jesús debe ser el Señor de todo

Supongamos que te vendo mi auto, y te digo que quiero conservar la guantera. Seguro que dirías: *«¡Eso es ridículo! La guantera es parte del auto. Si me lo vendes, la guantera también será mía así como todo lo demás».* Esta es la manera como mucha gente viene a Jesús. Le dicen: «Jesús, te doy mi vida, menos esta única cosa: puede ser finanzas, futuro, filosofía de vida o algún hábito pecaminoso».

Un joven rico preguntó a Jesús sobre qué debería hacer para heredar la vida eterna (Mateo 19:16-22). El Señor sabía que una área de la vida de este hombre estaba atada a sus riquezas, por eso le dijo que vendiera sus posesiones y las diera a los pobres. El joven se fue triste porque sus riquezas le eran más importantes que la oportunidad de caminar con Jesús. Sus riquezas tenían el primer lugar en su vida. Jesús no le dio plazos para que las entregara; 25% ahora y el resto en cómodas cuotas mensuales. No le dio una salida fácil. Jesús sabía que el dios de este joven era *el dinero* y que tenía que abandonarlo y permitirle a Él tomar el lugar en su corazón. Es que, ¡Jesús es o no es Señor de todo!

Cuando uno arma un rompecabezas y nos falta una pieza, nos sentimos frustrados. ¿Por qué? Porque nunca se verá completa. No se cumplió el desafío. Así, el pecado frustra a la gente. Algo se pierde en la vida y no hay paz. Pero cuando Jesús se convierte en el Señor de nuestras vidas, entonces hay una razón para vivir. Pues Él vino para darnos vida abundante, una vida llena de propósito y significado (Juan 10:10). La Biblia dice: *Y el testimonio es éste: que Dios nos ha dado vida eterna, y esa vida está en su Hijo. El que tiene al Hijo, tiene la vida; el que no tiene al Hijo de Dios, no tiene la vida* (1 Juan 5:11-12).

Cuando recibimos a Jesús como Señor, empezamos a experimentar su vida. ¡El Señor desea que nuestra vida sea emocionante! Dios tiene un asombroso plan para tu vida ¡Pero nunca vivirás la totalidad de lo que Dios tiene para ti, a menos que le entregues todo tu ser!

Reflexión
¿Qué «guantera» estás tratando de guardar para ti?

Día 5
¡Darlo todo!

Jesús espera que nos rindamos totalmente a su señorío, porque Él dejó todo para buscarnos y salvarnos. Este asombroso concepto lo vemos en una historia que Jesús mismo contó en Mateo 13:45-46; se llama la parábola de «La perla de gran precio.» *También se parece el reino de los cielos a un comerciante que andaba buscando perlas finas. Cuando encontró una de gran valor, fue y vendió todo lo que tenía y la compró.*

El comerciante (Cristo) vino a buscar hombres y mujeres (perlas) que respondan a su mensaje de salvación. Jesús dio su vida (todo lo que tenía) para comprar una perla de mucho valor. Cada cristiano es «una perla» comprada a un gran precio (1Corintios 6:20).

Esta parábola nos muestra que Jesús dio todo para salvarnos y ahora espera que nos rindamos totalmente a Él. Los que buscan a Dios y le encuentran (la perla de gran valor) deberían estar dispuestos a sacrificar todo lo demás por Él.

Los primeros cristianos sabían lo que significaba dejar todo por Jesús. Cuando Jesús les dijo «síganme» a los pescadores Juan y Jacobo, ellos dejaron sus barcas y redes, sus negocios y estilo de vida, y le siguieron. Cuando Mateo estaba sentado en la mesa de recaudación de impuestos, Jesús vino a él y le dijo «sígueme»; entonces éste dejó su posición y empleo y siguió a Jesús. Zaqueo, un rico recaudador de impuestos, trepó un árbol para poder ver a Jesús que pasaba por allí. El Señor se detuvo, y mirándole le dijo que quería ir a su casa ahora mismo. Zaqueo no titubeó. Descendió del árbol y llevó a Jesús a su casa y le dijo que restituiría a todos los que había defraudado. Jesús respondió: «hoy ha llegado la salvación a esta casa.» (Lucas 19:9).

Jesús está llamándonos. Quiere vivir su vida a través de nosotros. Respondamos como Zaqueo y entreguemos todo a Jesús.

Reflexión
En la parábola de la perla de gran precio, ¿cuánto era el valor de la perla? ¿Cómo piensas entregar todo al Señor?

Día 6
Todo pertenece al Señor

Jesús dijo que si somos atraídos hacia las cosas del mundo, nuestro corazón sería esclavizado por ellas. *Pues donde tengan ustedes su tesoro, allí estará también su corazón.* (Lucas 12:34).

Rendirse a Jesús significa cambiar nuestros intereses; de egoístas a centrados en Jesucristo. Los tesoros terrenales ya no pueden volver a atarnos, porque ya no somos sus esclavos. Tenemos que rendir todo lo que nos impide poner a Dios en primer lugar. Esto incluye toda atracción material, física y emocional que tengamos en este mundo. ¡Tenemos que dar a Dios nuestra billetera, ahorro, casa, familia, esperanza, placer, pasado, presente, futuro; es decir, todo!

¿Qué sucederá entonces? Cuando le rendimos todo, Dios nos vuelve a confiar las cosas. Él nos dice: «Te devolveré tu hogar, familia y dinero; pero en el momento que te los pida, deberás regresármelos. Son míos; me pertenecen.»

Esto es lo que significa entregar todo a Jesús. Es darnos cuenta que sólo somos administradores y no dueños de las cosas que tenemos. ¡Jesús es el dueño!

Mi familia pertenece a Jesús. Mi cuenta bancaria pertenece a Jesús. Mi casa pertenece a Jesús. Mi carro pertenece a Jesús. A veces me detengo y recojo a aquellos que necesitan ser movilizados; es que mi carro pertenece a Jesús y yo creo que Él desea que ayude a los que necesitan.

Juan Carlos Ortiz cuenta que en Argentina, los que se hacían cristianos, vendían sus casas, automóviles y otras posesiones y las daban a la iglesia. Pero la iglesia se los devolvía, diciéndoles: «Todo esto pertenece a Jesús; úsenlo para servirle. Cuando alguien necesita una casa para alojarse o un auto para movilizarse, nosotros les avisaremos.» ¡Esto es exactamente lo que Dios desea!

Reflexión
¿Qué cosas están esclavizando a la gente de hoy? ¿Cómo administrarías, en lugar de poseer, las cosas terrenales?

Día 7
Renacer espiritualmente

Confiar en Cristo significa creer en Él y empezar una relación personal, y permitirle cambiarnos, de dentro hacia fuera. ¡Hay que confiar en Él para que nos cambie!

Una noche, un influyente líder religioso Nicodemo, buscó a Jesús; quería tener una reunión secreta y decirle que estaba convencido que Él, era el Mesías. Nicodemo era un buen fariseo que creía que el Mesías vendría a establecer un reino político y que liberaría a los judíos de la dominación romana. Él creía que Jesús venía a cumplir esto, pero grande fue su sorpresa cuando Jesús le respondió: *De veras te aseguro que quien no nazca de nuevo no puede ver el reino de Dios —dijo Jesús* (Juan 3:3).

Nicodemo no estaba preparado para creer que Jesús vino a cambiar el corazón de la gente (o nacer de nuevo espiritualmente). Y no pudo entender que nacer de nuevo es algo espiritual (en nuestro espíritu) en el plano celestial del reino de Dios.

Entender el nuevo nacimiento requiere fe de nuestra parte, porque es un milagro de Dios. Quizá te digas: «no estoy seguro si he nacido de nuevo, ¿cómo puedo saberlo?» Bien, un bebé recién nacido no puede decir «no estoy seguro si he nacido.» Ha nacido, o no ha nacido. En el sentido espiritual, o Jesús vive en ti y eres una nueva criatura, o Él no vive en ti (2 Corintios 13:5).

Si has nacido de nuevo, comienza a vivir la vida de Cristo que ahora vive en ti. *He sido crucificado con Cristo, y ya no vivo yo sino que Cristo vive en mí. Lo que ahora vivo en el cuerpo, lo vivo por la fe en el Hijo de Dios, quien me amó y dio su vida por mí* (Gálatas 2:20).

¡Qué asombrosa declaración! ¡Cristo vive en ti, desde el día que le recibiste en tu vida! ¡El mismo Jesús que caminó hace 2000 años sobre la faz de la tierra, vive en ti!

Reflexión

¿Por qué nacer de nuevo espiritualmente es tan importante? ¿Cómo el Señor ha cambiado tu corazón?

CAPITULO 3

Confianza total

Versículo clave para memorizar

...porque sé en quién he creído, y estoy seguro de que tiene poder para guardar hasta aquel día lo que he dejado a su cuidado.

2 Timoteo 1:12

Día 1
La diferencia entre creer y confiar

Un cristiano debe estar totalmente comprometido con el Señor. No puede vivir en los límites del reino de Dios. Dios nos ama tanto que envió a su hijo a morir por nuestros pecados. La Palabra de Dios dice que debemos creer en Él para tener vida eterna. *Porque tanto amó Dios al mundo, que dio a su Hijo unigénito, para que todo el que cree en él no se pierda, sino que tenga vida eterna* (Juan 3:16).

¿Qué significa realmente «creer en Él»? Hoy en día mucha gente dice creer en Dios o creen que hay un Dios. Pero aún los demonios creen en Dios. *¿Tú crees que hay un solo Dios? ¡Magnífico! También los demonios lo creen, y tiemblan* (Santiago 2:19).

Creer en Dios no es suficiente. Hay una gran diferencia entre creer mentalmente y confiar. Creer significa confiar totalmente. Cuando mis hijos eran pequeños, tenían la costumbre de subir las escaleras de nuestra casa, hasta el escalón más alto. Sólo decían: «¡Papi, agárrame!» y se tiraban. Ellos no simplemente creían en mi existencia, también confiaban totalmente en mí y estaban absolutamente seguros que los recibiría en mis brazos una vez que saltaban.

Hay una historia sobre un equilibrista que cruzó las cataratas del Niágara caminando sobre una cuerda. Se dice que preguntó a la audiencia si creían que él podía cruzar por la cuerda empujando una carretilla, y todos dijeron «¡Sí!» Pero cuando pidió un voluntario para sentarse en la carretilla, ninguno se ofreció. ¡Su creencia no significaba confianza total!

Alguien podría decir: «Me considero una persona sincera.» Pero no es suficiente ser sincero. Muchas personas están sinceramente equivocadas. Tengo un amigo que pensó que estaba viajando por la autopista oeste rumbo a Harrisburg, Pensylvania; pero realmente estaba yendo en dirección equivocada y terminó en Atlantic City, New Jersey, a cientos de kilómetros de su destino. Él fue muy sincero, pero estaba sinceramente equivocado.

Otros dicen: «Mientras mi doctrina sea la correcta, estaré bien.» Creer en la doctrina correcta o tener un conocimiento bíblico, en sí mismo, no nos salva. Necesitamos verdaderamente confiar en Jesús como Señor y tener una relación personal de amor con Él.

Reflexión
Explica con tus propias palabras la diferencia entre creer mentalmente en Jesús y confiar plenamente en Él.

Día 2
¡Confiamos en Dios porque es Dios!

Confiamos en Dios por una sola razón: porque es Dios. Cuando creemos que Él es quien dice ser, entonces le amaremos con todo nuestro corazón.

Antes que Jesús fuera el Señor de mi vida, yo veía el cristianismo como una especie de «seguro contra incendio» espiritual y nada más. ¡No quería ir al infierno! Conozco mucha gente que no quiere ir al infierno, pero tampoco quieren confiar verdaderamente en Jesús como el Señor de sus vidas.

El apóstol Pablo demostró su confianza absoluta en Cristo cuando declaró en 2 Timoteo 1:12: *Por ese motivo padezco estos sufrimientos. Pero no me avergüenzo, porque sé en quién he creído, y estoy seguro de que tiene poder para guardar hasta aquel día lo que he dejado a su cuidado.*

Pablo no dijo «yo sé en *qué* he creído», sino dijo «yo sé en *quién* he creído.» Tenía una profunda y duradera relación con una persona: Jesucristo.

Dios no espera una confianza ciega en Él. En la Biblia, se revela así mismo, para que basándonos en el conocimiento de la Escritura podamos confiar y conocerle plenamente. La confianza se basa en el carácter predecible de Dios. Aprendemos acerca de la coherencia y carácter de Dios a través de las Escrituras, que nos revelan cómo y en qué forma Dios ha mostrado su amor y compromiso con el hombre a través de la historia.

Nosotros no confiamos en Dios por sus beneficios. Aunque es verdad que Él «cada día nos colma de beneficios» (Salmos 68:19). Confiamos en Él porque le amamos. Una vez un joven discutió esto conmigo. Me dijo: «Dios no funciona para mí. Yo le serví fielmente con tal que cierta señorita fuera mi novia; pero no funcionó. No puedo confiar en Dios nunca más.» Claramente, él estaba sirviendo a Dios por razones egoístas. Trató de utilizar a Dios para ganar algo para sí mismo.

Si tú fueras una joven, ¿qué harías si un día antes de tu boda descubres que tu futuro esposo sólo quiere casarse contigo porque tu padre es dueño de una gran compañía y sólo desea conseguir un buen puesto o tener dinero? La Biblia llama a esto idolatría. Todo lo que signifique para nosotros más que Jesús es un ídolo en nuestras vidas. 1 Juan 5:2 dice: *Queridos hijos, apártense de los ídolos.*

Podemos confiar en Dios porque Él puso su vida por nosotros. Si verdaderamente le amamos, le obedeceremos y le confiaremos totalmente nuestras vidas. Cuando confiamos en Él, nos colma de su gozo y paz. *Y el Dios de la esperanza os llene de todo gozo y paz en la fe, para que abundéis en esperanza por el poder del Espíritu Santo (*Romanos 15:13).

Reflexión
¿Qué ídolos aún podrías tener en tu vida? ¿Por qué estás sirviendo a Dios?

Día 3
No podemos confiar en nuestros sentimientos

Durante mis primeros meses después de recibir a Cristo, por momentos sentía que no era cristiano. Unas veces me sentía cerca de Dios y otras veces me parecía tenerlo a un millón de kilómetros de distancia. Me sentía deprimido y vencido, porque pensaba que mis sentimientos reflejaban mi condición espiritual. Hasta que un sabio consejero me animó a leer 1 Juan 5:13, que dice: *Les escribo estas cosas a ustedes que creen en el nombre del Hijo de Dios, para que sepan que tienen vida eterna.*

Cuando creí y confié que la Palabra de Dios es verdad, una preciosa fe surgió en mi corazón y supe que había escogido creer en Jesucristo como mi Señor y Salvador. Acepté firmemente su Palabra al creer que es la verdad. Entendí que no podía basar mi relación con Dios en mis sentimientos; de hecho me di cuenta que mis emociones a veces no estaban alineadas con la verdad. Tengo una relación con Dios porque Él dice que la tengo. Me ha dado muchas promesas en su Palabra para que yo pueda confiar. La Palabra de Dios me dio un profundo sentido de su amor hacía mí y me ayudó a confiar en Él sin importar lo que siento por momentos.

Nuestras vidas cambian completamente cuando nos vemos a nosotros mismos y a otros de acuerdo a lo que Dios dice en su Palabra y no de acuerdo a lo que sentimos. Una percepción equivocada de nosotros mismo siempre se basa en una percepción equivocada de Dios. Cuando conozcamos lo que dice la Palabra de Dios, seremos guiados por el Espíritu Santo a caminar en arrepentimiento, fe y disciplina en nuestra nueva vida.

Tú eres un nuevo hombre (o mujer) con una nueva naturaleza que está en plena renovación y cambio, de acuerdo a Efesios 4:22-24: *Con respecto a la vida que antes llevaban, se les enseñó que debían quitarse el ropaje de la vieja naturaleza, la cual está corrompida por los deseos engañosos; ser renovados en la actitud de su mente; y ponerse el ropaje de la nueva naturaleza, creada a imagen de Dios, en verdadera justicia y santidad.*

Reflexión
¿Por qué no son confiables nuestros sentimientos? ¿Qué hace la Palabra de Dios para que la fe surja en nuestros corazones?

Día 4
¿Qué pasa si no cambio completamente después de entregar mi vida a Jesús?

Convertirnos en cristianos sucede en un momento. Cuando entregamos nuestras vidas a Jesús entramos a una nueva vida. Por su gran misericordia Dios nos salva lavándonos de nuestros pecados. *él nos salvó, no por nuestras propias obras de justicia sino por su misericordia. Nos salvó mediante el lavamiento de la regeneración y de la renovación por el Espíritu Santo* (Tito 3:5).

Tu espíritu es limpiado en un instante cuando el Espíritu Santo viene a vivir en ti. Pero esto no significa que nunca más pecarás. Tu vieja naturaleza continúa batallando con tu nueva naturaleza, y tienes que hacer tu parte para vivir victoriosamente. *Así que les digo: Vivan por el Espíritu, y no seguirán los deseos de la naturaleza pecaminosa. Porque ésta desea lo que es contrario al Espíritu, y el Espíritu desea lo que es contrario a ella. Los dos se oponen entre sí, de modo que ustedes no pueden hacer lo que quieren. Pero si los guía el Espíritu, no están bajo la ley* (Gálatas 5:16-18).

Los deseos pecaminosos todavía pueden pugnar dentro de nosotros, pero también tenemos al Espíritu Santo quien nos conduce a la santidad. Tu verdadera naturaleza ha sido cambiada y deseas obedecer a Dios. El poder que el pecado tenía en sus vidas ha sido roto y un camino de victoria ha sido provisto. El Espíritu Santo nos ayuda a vencer el pecado. Como cristianos, les será imposible vivir *habitualmente* en pecado, porque han renacido a una nueva vida. El Señor les recordará cualquier pecado no confesado en su vida, porque Él es un Dios misericordioso. Supongamos que te doy un libro, y tres semanas después me doy cuenta que me he quedado con dos páginas que pertenecen al libro. Seguro que haría lo imposible para darte esas páginas restantes y así no te pierdas nada. De la misma manera el Señor no quiere que nos perdamos nada que nos prive de una vida guiada por el Espíritu. Él nos revelará qué áreas en nuestras vidas necesitan limpieza y nos ayudará a ser victoriosos.

Un hombre creció odiando a sus vecinos porque eran de diferente nacionalidad. Aún después de convertirse en creyente, él los miraba con menosprecio por causa de su nacionalidad. Hasta que un día leyó en las Escrituras que todos estamos a la misma altura en la familia de Dios, sea cual fuere su trasfondo (Romanos 10:12). Entonces se quebrantó y se arrepintió ante Dios por su pecado de discriminación. Dios le dio un nuevo corazón para con sus vecinos y se hizo amigo de muchos de ellos. Si somos abiertos, Dios continuará purificándonos, cambiándonos y dándonos victoria sobre el pecado en nuestras vidas.

Reflexión
¿Cómo se puede vivir victoriosamente sobre el pecado una vez convertido en cristiano, de acuerdo a Gálatas 5:16-17?

Día 5
Confía en que Jesús nos perdonó completamente

Recuerda, cuando Jesús perdonó nuestros pecados, lo hizo sin importarle cuántos pecados hayamos cometido o cuán malos hayan sido. Todos nuestros pecados pasados ya fueron, lavados completamente por su sangre en la cruz. La sangre tanto en el Antiguo como en el Nuevo Testamento significa muerte. Cristo murió, proveyendo así un sustituto divino para nosotros los pecadores. ¡Él se convirtió en el sustituto que pagó la pena por nuestro pecado! 1 Juan 1:7 dice que la sangre de Jesús nos purifica del pecado. *Pero si vivimos en la luz, así como él está en la luz, tenemos comunión unos con otros, y la sangre de su Hijo Jesucristo nos limpia de todo pecado.*

Una vez que nuestra ropa sucia es lavada con detergente, queda totalmente limpia. La sangre de Jesús es el detergente más potente del universo, pues nos limpia de todo pecado. Esta purificación es un trabajo permanente de continua limpieza en la vida de un creyente. Debemos esforzarnos en la gracia de Dios para caminar en luz y así tener un íntimo compañerismo con Dios y el prójimo.

Una vez, una mujer lavó los pies de Jesús con sus lágrimas, es que estaba muy agradecida por el perdón de sus pecados. Jesús dijo: *Por esto te digo: si ella ha amado mucho, es que sus muchos pecados le han sido perdonados. Pero a quien poco se le perdona, poco ama* (Lucas 7:47).

Un amor real por Jesús proviene de una profunda conciencia de nuestro pasado pecaminoso y que ahora ha sido perdonado totalmente. Algunos dicen que han cometido terribles errores y pecados tan horribles que Dios no podría perdonarlos. ¡No interesa qué pecados sean; *todos* son perdonables. ¡A Dios le gusta perdonar pecados, si nos arrepentimos!

Reflexión
Según 1Juan 1:7 ¿qué nos limpia de pecado? Reflexiona en cómo has experimentado el amor de Dios y el perdón de pecados.

Día 6
Nuestros pecados no son recordados

Cuando nos arrepentimos de nuestros pecados, Dios nos perdona y nunca más los recuerda ni menciona. Salmos 103:12 nos dice que *cuanto está lejos el oriente del occidente, hizo alejar de nosotros nuestras rebeliones.*

¡Nadie puede ir más lejos que esto! Es más de lo que puedes imaginar. Cuando Jesús perdona nuestros pecados, los olvida y punto. Hay una maravillosa promesa en Miqueas 7:19: *Vuelve a compadecerte de nosotros. Pon tu pie sobre nuestras maldades y arroja al fondo del mar todos nuestros pecados.*

Esta promesa nos pinta un maravilloso cuadro. Nuestros pecados se hunden en lo profundo del mar para nunca más aparecer de nuevo. Dios no sólo echa nuestros pecados en lo profundo del mar, también pone un letrero que dice «prohibido pescar aquí.»

Cuando los egipcios persiguieron a los israelitas a través del mar Rojo, a ninguno se le permitió alcanzar al pueblo de Dios. Todos perecieron en el mar. De la misma manera, ningún pecado confesado puede sobrevivir al perdón de Dios. Como los egipcios y sus carros, asi nuestros pecados. *Pero con un soplo tuyo se los tragó el mar; ¡se hundieron como plomo en las aguas turbulentas!* (Éxodo15:10).

Nuestros pecados han sido totalmente perdonados y nunca más serán recordados. El Señor ha olvidado nuestros pecados como si nunca hubieran sucedido, y quiere que también nosotros los olvidemos. Cuando Jesús perdona nuestros pecados, quedamos totalmente libres. ¡Podemos confiar en Él!

Reflexión
Cuando Dios perdona nuestros pecados ¿los recuerda otra vez?
¿A dónde se van nuestros pecados, de acuerdo a Miqueas 7:9?

Día 7
¡Podemos contar con Él!

Creer en el Señor significa tener esperanza o confianza segura, debido a sus promesas. Y claro que podemos poner nuestra esperanza y confianza en el Señor; él nunca nos defraudará. *Y esta esperanza no nos defrauda, porque Dios ha derramado su amor en nuestro corazón por el Espíritu Santo que nos ha dado* (Romanos 5:5).

El Salmista pone esta «confianza» y «esperanza» en una real perspectiva en el Salmos 146:3-5 cuando dice: *No pongan su confianza en gente poderosa, en simples mortales, que no pueden salvar. Exhalan el espíritu y vuelven al polvo, y ese mismo día se desbaratan sus planes. Dichoso aquel cuya ayuda es el Dios de Jacob, cuya esperanza está en el Señor su Dios.*

¡No podemos confiar en ningún ser humano mortal, pero sí podemos confiar en Dios! Él cumple todo lo que promete. Él nos da esperanza.

Me bendice mucho cuando mis hijos me creen cada vez que les hago una promesa. Me dolería muchísimo si ellos no confiaran en mí. Nuestro Padre celestial siente lo mismo por nosotros sus hijos. Él ha probado ser fiel con nosotros. Podemos confiar totalmente en Él y en su Palabra. La base de nuestra confianza en Dios proviene de la naturaleza misma de Dios, de Jesucristo y de su Palabra. No podemos confiar en ningún otro, sea persona, posesiones materiales, dinero o alguna otra cosa sobre la tierra. Nuestra confianza está en el Señor; Él «no nos defrauda.» (Romanos 5:5).

Reflexión
¿Qué promete Dios a los que confían en Él? Salmos 146:3-5. Comparta sobre las veces que usted confió en el Señor.

CAPÍTULO 4

¿Caliente, frio o tibio?

Versículo clave para memorizar

Mira que estoy a la puerta y llamo. Si alguno
oye mi voz y abre la puerta, entraré,
y cenaré con él, y él conmigo.

Apocalipsis 3:20

Día 1
Ni caliente ni frío

Una relación apática con Jesús es como un vaso de agua tibia; ni fría, ni tampoco caliente. ¿Alguna vez te han dado agua tibia en pleno verano; cuando lo que deseas es un refrescante vaso de agua fría? ¡Sería algo muy decepcionante! ¡Seguro que lo escupirías con desagrado! De la misma forma Jesús detesta la tibieza en nosotros.

La iglesia de Laodicea estaba llena de cristianos tibios (gente comprometida con el mundo). Profesaban ser cristianos, pero se parecían más al mundo que a Cristo. Según Jesús: ...*el infeliz y miserable, el pobre, ciego y desnudo eres tú.* (Apocalipsis 3:17).

El Señor advirtió a su iglesia sobre su juicio contra este tipo de condición espiritual, en Apocalipsis 3:15-17: *Conozco tus obras; sé que no eres ni frío ni caliente. ¡Ojalá fueras lo uno o lo otro! Por tanto, como no eres ni frío ni caliente, sino tibio, estoy por vomitarte de mi boca. Dices: «Soy rico; me he enriquecido y no me hace falta nada»; pero no te das cuenta de que el infeliz y miserable, el pobre, ciego y desnudo eres tú.*

El Señor odia la tibieza. Quiere un total compromiso con Él, en vez de comprometernos con el mundo y volvernos apáticos. ¡La tibieza deja un mal sabor en su boca y nos vomitará!

Reflexión
¿Por qué el Señor detesta la tibieza espiritual? ¿De qué manera nos parecemos más al mundo que a Cristo?

Día 2
Compromiso espiritual

Como acabamos de aprender, Dios nos quiere totalmente comprometidos con Él sin ninguna reserva. La tibieza le es repulsiva. No podemos tener un pie en el reino de Dios y otro en el reino de las tinieblas. Esta clase de hipocresía es un compromiso espiritual con el mundo y desagrada Dios.

Una razón por la que Dios está muy preocupado por nuestra tibieza es porque sabe que la gente está mirando nuestra vida. La Biblia dice que nuestra vida es como una carta escrita por Dios para la gente que nos está mirando. *Ustedes mismos son nuestra carta, escrita en nuestro corazón, conocida y leída por todos* (2 Corintios 3:2). Nuestra vida es la única Biblia que mucha gente podrá leer alguna vez. Examinemos nuestra vida espiritual. ¿Estamos tibios? Si no nos hallamos calientes y fervorosos en las cosas de Dios, sigamos la prescripción del Señor. La encontramos en Apocalipsis 3:19: *Yo reprendo y disciplino a todos los que amo. Por lo tanto, sé fervoroso y arrepiéntete.* Es una elección. ¡Yo he escogido ser caliente! ¿Y tú?

Reflexión
¿De qué manera tenemos un pie en el reino de Dios y otro en el reino de las tinieblas? ¿Por qué es importante ser fervoroso en las cosas de Dios?

Día 3
Un camino que parece correcto

Había un crucero con divisiones para pasajeros de primera y segunda clase. Luego de unos días en alta mar, el capitán anunció que, de ahora en adelante, todos serían tratados como de primera clase, no importa cuánto hayan pagado. ¡Habría langosta y cocina fina para todos! La gente se emocionó y comió hasta reventar; hasta dijeron que habían conocido al mejor capitán del mundo. Pero sólo el capitán conocía la verdad detrás de esta oferta. El crucero estaba hundiéndose y en poco tiempo todos morirían.

Esta es la forma cómo el diablo nos engaña. Él dice: «Puedes tener de todo; no te preocupes: come, bebe y alégrate. Puedes establecer tu propia verdad. Dios realmente no te exige una vida santa. Total, todos lo hacen.»

Nuestra propia sabiduría no puede establecer lo correcto y lo incorrecto. Sólo la Palabra de Dios puede hacerlo. Sólo por la Palabra de Dios podemos decir si estamos o no en el sendero correcto de la vida. El diablo prefiere mantenernos ciegos e ignorantes; no desea que la gente conozca lo que la Biblia dice *Hay caminos que al hombre le parecen rectos, pero que acaban por ser caminos de muerte* (Proverbios 14:12).

Para establecer la forma correcta de vivir debemos seguir la revelación escrita de Dios en la Biblia. Cualquier otro sendero nos guiará a la muerte espiritual. No podemos permitirnos ser engañados.

El plan del diablo es matar, robar y destruir. Él roba la paz, gozo y esperanza de vida a los que Dios creó para que experimenten la vibrante vida verdadera. ¡Jesucristo vino para darnos vida, una vida abundante, llena de entusiasmo y gozo! Jesús dijo: *El ladrón no viene más que a robar, matar y destruir; yo he venido para que tengan vida, y la tengan en abundancia* (Juan 10:10).

¡La Biblia nos dice que Jesús vino a destruir las obras del diablo! (1 Juan 3:8). ¡Es muy tonto no querer estar en el equipo ganador de Dios!

Reflexión
Hay un camino que parece derecho, ¿pero a dónde lleva? ¿Qué puedes aprender del crucero?

Día 4
¿Hemos dejado nuestro primer amor?

Ser tibio es sinónimo de perder nuestro primer amor por Jesús. Un amor nuevo es vibrante y apasionado. Pero pierde su brillo cuando la comunicación se empobrece. Si no mantenemos la comunicación con nuestro Padre Celestial, nuestro amor por Él se debilita. Quizá ya pediste hace mucho tiempo a Jesús que venga a tu vida como Señor, pero ahora has perdido tu primer amor por Él. En Apocalipsis 2:4-5, la iglesia de Éfeso, al principio, habían tenido un profundo amor y devoción por Cristo, y les advertía que su relación continua con Él estaba debilitándose. Aunque ellos habían hecho muchas cosas buenas y trabajado duro por el evangelio, su profundo amor por Cristo estaba muerto. *Sin embargo, tengo en tu contra que has abandonado tu primer amor. ¡Recuerda de dónde has caído! Arrepiéntete y vuelve a practicar las obras que hacías al principio. Si no te arrepientes, iré y quitaré de su lugar tu candelabro* (Apocalipsis 2:4-5).

Haber conocido anteriormente al Señor en forma personal no necesariamente significa tener una relación cercana con Él hoy en día. Estaba enseñando esta verdad en un colegio secundario, y pregunté a los estudiantes: «¿Alguno de ustedes todavía conoce a su profesor de primer grado?» Me sorprendí cuando una chica en la parte posterior del salón levantó su mano y dijo: «Por supuesto; ella es mi mamá». Ella sí había entendido. Los demás no mantenían una relación con su profesora de primer grado, porque ya no existía ninguna relación. ¿Tienes una relación vital con tu Padre celestial? Él está esperando que regreses a él. *Acérquense a Dios, y él se acercará a ustedes. ¡Pecadores, límpiense las manos! ¡Ustedes los inconstantes, purifiquen su corazón!* (Santiago 4:8).

Reflexión
¿Qué significa dejar tu primer amor por Jesús? Si has dejado tu primer amor ¿qué te dice el Señor que hagas (Apocalipsis 10:5)?

Día 5
Él está tocando la puerta de tu corazón

Quizá conociste a Jesús en forma personal en el pasado, pero ahora te encuentras alejado de Él, y has dejado lo que una vez fue un vibrante amor por Jesús. En Apocalipsis 3:20 Jesús invita a la iglesia tibia de Laodicea a tener nuevamente compañerismo con Él. El Señor es representado como alguien parado cerca de la puerta, esperando ser invitado una vez más.

Jesús está tocando la puerta de nuestras vidas, y espera que nos arrepintamos de nuestra tibieza y abramos la puerta para invitarlo a entrar. Jesús no sólo exhortó a la iglesia de Laodicea sobre su condición, también les invitó a arrepentirse y restaurar su compañerismo con Él. *Mira que estoy a la puerta y llamo. Si alguno oye mi voz y abre la puerta, entraré, y cenaré con él, y él conmigo* (Apocalipsis 3:20).

Esta invitación viene desde afuera, y es Jesús quien toca y pide ser readmitido una vez más. El Señor les promete que, si se arrepienten de su tibieza y falta de amor por Él, les restaurará completamente. ¡Que asombrosa promesa! Jesús quiere tener una relación personal contigo. Si te has alejado de Dios, Él quiere que le abras la puerta de tu vida otra vez ¡Hazlo, y entrará y tendrá un nuevo compañerismo contigo!

Reflexión
¿Qué promete el Señor si nos arrepentimos de nuestra tibieza Apocalipsis 3:20? ¿Cómo ha tocado el Señor la puerta de tu corazón para recuperar su compañerismo contigo?

Día 6
El poder de tu testimonio

Ahora que has recibido a Jesucristo como Señor de tu vida, es importante dar tu testimonio tan a menudo como te sea posible y a tanta gente como te sea posible. Una de las maneras cómo se vence a Satanás es hablando de Cristo. Apocalipsis 2:11 dice: *El que tenga oídos, que oiga lo que el Espíritu dice a las iglesias. El que salga vencedor no sufrirá daño alguno de la segunda muerte.*

¡Hay un poder espiritual que se desata cuando testificamos cómo el Señor cambió y cambia nuestras vidas! Todo cristiano tiene una gran historia que contar de cómo conoció a Jesucristo como Señor. Nunca debemos avergonzarnos de hablar de Cristo. *Así que no te avergüences de dar testimonio de nuestro Señor, ni tampoco de mí, que por su causa soy prisionero. Al contrario, tú también, con el poder de Dios, debes soportar sufrimientos por el evangelio. Pues Dios nos salvó y nos llamó a una vida santa, no por nuestras propias obras, sino por su propia determinación y gracia. Nos concedió este favor en Cristo Jesús antes del comienzo del tiempo* (2 Timoteo 1:9-8).

La gente escucha cuando contamos nuestra historia personal de cómo vinimos a creer en Jesús. No se sienten intimidados porque no se ven forzados a estar de acuerdo o no con lo que decimos. Es nuestra historia y no podrán negar sobre cómo fuimos persuadidos a seguir a Jesús.

Cuando contamos nuestra historia, debemos enfocarnos en el hecho que Dios los ama y que Jesús murió por ellos para que puedan ser perdonados y ser hechos nuevos. Debemos decirles de los cambios que el Señor ha hecho en nuestras vidas; esto les trae esperanza.

Reflexión
¿De qué no debemos avergonzarnos nunca? Cuenta tu historia personal de cómo viniste a Jesús. ¿Por qué es importante contar tu testimonio lo más a menudo posible?

Día 7
¿Falso o real?

Para algunas personas, el cristianismo está basado en su «apariencia externa» o «en lo que hacen» más que en un amor real por el Señor. Parecen justos externamente pero internamente no han nacido de Dios y del Espíritu. Jesús reprendió duramente a los fariseos y escribas en Marcos 7:6 por esta clase de hipocresía. *Él les contestó: —Tenía razón Isaías cuando profetizó acerca de ustedes, hipócritas, según está escrito: "Éste pueblo me honra con los labios, pero su corazón está lejos de mí..."* (Marcos 7:6).

Por años yo estuve en la misma situación de los fariseos. Yo me consideraba cristiano, pero estaba viviendo una falsa vida cristiana. Esta es mi historia: Mi familia asistía a la iglesia cada domingo, durante mi niñez. Cuando yo tenía once años, fuimos a una reunión especial evangelística. Yo no quería ir al infierno y por eso me puse de pie cuando el evangelista hizo el «llamado al altar». Más tarde fui bautizado y vine a ser parte de la iglesia.

Lo que yo realmente quería esa noche era un «seguro contra incendios». Sabía que el cristianismo me mantendría a salvo del infierno. Pero hasta allí era lo más lejos que quería llegar. Mi compromiso con el Señor era incompleto, así que pronto me encontré viviendo una vida cristiana falsa. Actuaba como cristiano sólo cuando estaba con mis amigos cristianos (esto es «hipocresía»). Siete años después una amiga me confrontó: «Si murieras esta noche ¿estás seguro que irías al cielo?» Honestamente yo no sabía la respuesta, así que le dije: «Nadie lo sabe». Mi amiga no dudó en responderme: «Bueno, yo sí lo sé».

Había sido puesto cara a cara con la verdad. Yo podía hablar acerca de Dios y de la Biblia, sin embargo, no podía hablar acerca de *Jesús* porque no le *conocía* en forma personal. Yo tenía cierta clase de compromiso con el Señor, y creía que, de alguna manera, Dios me aceptaría si yo hacía suficientes cosas buenas durante mi vida. No me daba cuenta que la vida eterna sólo viene a través de la fe en *Jesucristo como Señor*.

Más tarde, durante una noche, cuando abrí mi Biblia en casa, todo parecía estar escrito directamente para mí. Leí donde Jesús decía «¡Hipócritas!» y sabía que yo también era un hipócrita. Mis amigos me consideraban «el alma de la fiesta», pero sólo yo sabía la verdad. La soledad era mi compañía cada noche que pasaba solo en casa. Aún peor, yo temía que si moría por la noche, podría morir sin Dios por la eternidad. Me di cuenta que estaba bajo una falsa conversión. Esa noche oré: «Jesús te doy mi vida. Si puedes usar esta inútil y malograda vida, yo te serviré por el resto de mi vida».

Dios milagrosamente me cambió en el momento que abracé mi fe en Él. Mis actitudes y deseos cambiaron. Hasta mis pensamientos comenzaron a cambiar. Esta vez, claramente había nacido de nuevo, y es que Jesucristo se había convertido en mi *Señor*. Claramente, ya era una nueva creación en Cristo, y estoy eternamente agradecido a Jesús.

Si estás tratando de parecer justo, pero continúas persistiendo en una dirección pecaminosa en tu mente y corazón, quizá estés viviendo una falsa vida cristiana. Ahora es tiempo de pedir al Espíritu Santo que haga brillar la luz de Dios sobre tu vida. Ven a la cruz de Cristo, confiesa tus pecados y acepta el perdón de Dios.

Ora esta oración de confesión y arrepentimiento y recibe el amor y perdón incondicional de Dios. *Señor, he quedado atrapado en la red de la hipocresía, y clamo por la libertad que sólo puedo tener en Ti. Confieso que he tratado de ser justo sin ti y he estado viviendo una falsa vida cristiana. Por favor, perdona mi pecado y ahora me pongo bajo el poder, control e influencia de tu justicia. Gracias por hacerme libre, Jesús. Oro por osadía y sabiduría para vivir mi nueva vida en Cristo y experimentar la llenura y libertad que tú deseas que tenga.*

Reflexión
¿Cómo son los falsos cristianos? ¿En qué se diferencian de los verdaderos?

Fundamentos Bíblicos 2

La nueva manera de vivir

CAPÍTULO 1

Obras versus fe

Versículo clave para memorizar

Porque por gracia ustedes han sido salvados mediante la fe; esto no procede de ustedes, sino que es el regalo de Dios, no por obras, para que nadie se jacte.

Efesios 2:8-9

Día 1
Un principio básico: Arrepentimiento de obras muertas

Después que recibí a Jesús como Señor de mi vida, me di cuenta que tenía que reconstruir mi vida sobre un nuevo fundamento, según las verdades encontradas en la Palabra de Dios. Quería crecer en la vida cristiana, así que primero tuve que establecerme en los principios básicos del cristianismo. Sólo así pude construir una base, para crecer y madurar.

Los ladrillos espirituales de nuestra vida son las verdades básicas de la Palabra de Dios. En este segundo libro, y también en el tercero y cuarto, examinaremos cada uno de los 6 ladrillos espirituales de Hebreos 6:1-2. *Por eso, dejando a un lado las enseñanzas elementales acerca de Cristo, avancemos hacia la madurez. No volvamos a poner los fundamentos, tales como el arrepentimiento de las obras que conducen a la muerte, la fe en Dios, la instrucción sobre bautismos, la imposición de manos, la resurrección de los muertos y el juicio eterno.*

En este punto se nos urge madurar, pero antes debemos poner los siguientes fundamentos básicos: 1) arrepentimiento, 2) fe en Dios, 3) bautismos, 4) imposición de manos, 5) resurrección de muertos, y 6) juicio eterno. Estos seis fundamentos son clave para a edificar un fundamento sólido en nuestras vidas espirituales.

En este libro abordaremos la primera piedra fundamental: «el arrepentimiento de obras muertas y la fe en Dios». Aprenderemos que el verdadero arrepentimiento siempre viene antes de la verdadera fe.

Arrepentirnos de las obras muertas significa entender que con nuestras propias buenas obras no conseguiremos el cielo. La salvación sólo viene a través de la fe en el Señor Jesucristo. Los que desean labrar su camino al cielo, haciendo lo bueno y evitando lo malo, deberían leer (Santiago 2:10). *Porque el que cumple con toda la ley pero falla en un solo punto ya es culpable de haberla quebrantado toda.*

La verdad es que nadie puede guardar la ley de Dios. Si fallamos en un sólo punto —y lo haremos, debido a nuestra naturaleza de pecado—, ya somos culpables de todos. En otras palabras, si peco una vez o un millón de veces, ya he quebrantado toda la ley. Si un avión choca a 500 pies ó 500 millas de la pista, igual se estrellará y las consecuencias serán devastadoras.

Reflexión
¿Cuáles son los 6 principios necesarios para edificar un fundamento sólido? ¿Qué significa arrepentimiento de las obras muertas?

Día 2
¿Verdadero arrepentimiento o falso arrepentimiento?

En Fundamentos Bíblicos 1, mencionamos que arrepentimiento significa cambiar nuestra mente y acciones. Arrepentimiento es «un cambio interior de la mente que da como resultado un cambio externo, dando un giro total para enfrentarse y moverse completamente en una nueva dirección.»

El verdadero arrepentimiento va acompañado de dolor. Dolor por haber herido con nuestro pecado el corazón de un Dios Santo. Este dolor produce verdadero arrepentimiento; y el deseo de cambiar nuestras acciones. Quien experimente un verdadero arrepentimiento apreciará y gozará del perdón y libertad en Jesucristo.

Sin embargo también existe el falso arrepentimiento. Se caracteriza porque la persona se arrepiente por cualquier motivo, excepto porque Dios es digno de completa obediencia. Por ejemplo, cuando los niños son sorprendidos haciendo algo malo, al instante lo lamentan, pero no sienten culpa por su desobediencia. Esto es un falso arrepentimiento.

¿Cuántas veces nos hemos sentido culpables? Si sólo nos sentimos *sorprendidos* en lugar de sentirnos dolidos por haber herido el corazón de Dios, significa que no nos hemos arrepentido verdaderamente, y por lo tanto no podemos experimentar el perdón de Dios. 2 Corintios 7:10 nos dice: *La tristeza que proviene de Dios produce el arrepentimiento que lleva a la salvación, de la cual no hay que arrepentirse, mientras que la tristeza del mundo produce la muerte.*

La Biblia dice que Judas, el que traicionó a Jesús, se arrepintió; pero no fue un verdadero arrepentimiento. Fue un simple remordimiento; un lamento en sí mismo. Judas no cambió ni su mente ni su dirección, tal como el arrepentimiento bíblico implica. Más bien, después de sentir un terrible remordimiento, fue y se colgó.

El sólo lamentarse no es suficiente. Tenemos que confiar en Dios para que nos cambie por dentro completamente. Cuando verdaderamente nos arrepentimos, la sangre de Jesús nos limpia de todo pecado y entonces es posible vivir la nueva vida.

Arrepentirnos verdaderamente significa darnos cuenta que hemos pecado contra un Dios santo, y permitir que un cambio interno de mente resulte en un cambio de dirección.

Aún habiendo recibido la salvación y el perdón de Dios, podemos sufrir las consecuencias de nuestros pecados anteriores. Por ejemplo: las relaciones y familias rotas, pérdida de confianza, enfermedades sexuales y malos hábitos, son consecuencias naturales de nuestra vieja vida. Pero el Señor promete darnos fuerza y ayuda para vivir victoriosamente en medio de todo (Filipenses 4:13). A veces hay un precio que pagar por nuestros pecados anteriores. Por ejemplo, un hombre culpable de asesinato, pero que ahora vino a Cristo y su pecado es perdonado; su arrepentimiento no lo exonerará de cumplir su sentencia judicial.

Reflexión
¿Cuál es la diferencia entre verdadero y falso arrepentimiento? ¿Cuál debe ser la única razón para arrepentirnos? ¿A qué lleva la tristeza divina?

Día 3
Buenas obras versus obras muertas

El arrepentirse parte del *arrepentimiento de obras muertas*. Pero ¿qué son obras muertas? Se refieren a las buenas obras o cosas que hacemos. Una obra muerta es cualquier obra que hacemos para ganarnos el favor de Dios. Ninguna cantidad de bondad, obra, moralidad o actividad religiosa, pueden ganar la aceptación de Dios y llevarnos al cielo.

En una parte de Malasia, la gente practica un ritual peculiar para apaciguar a sus dioses y ganarse el favor de ellos. Cada año escogen a un joven de su tribu y le atraviesan ganchos en la espalda. Luego toman una soga; un extremo de está la sujetan a los ganchos de la espalda del joven, y el otro extremo a una carreta donde se encuentra un ídolo de un pie de altura. En esa tribu creen que para ganarse la aceptación de su dios, es necesario que un joven cubierto de sangre jale la carreta por todo el pueblo.

Quizá te suene extraño y sin sentido, pero lo mismo hacemos cuando confiamos en nuestras buenas obras para complacer a Dios. El diablo tiene sus ganchos en nuestras mentes, haciéndonos creer que el Señor nos acepta debido a nuestras buenas obras. ¡Nada más equivocado y en oposición radical a lo que dice la Palabra de Dios en Efesios 2:8-9 *Porque por gracia ustedes han sido salvados mediante la fe; esto no procede de ustedes, sino que es el regalo de Dios, no por obras, para que nadie se jacte.*

Fuimos salvados mediante la fe. Tenemos favor para con Dios porque hemos puesto nuestra confianza en la persona y obra de Cristo. Sólo Jesucristo nos da una vida real. Las obras son totalmente incapaces de producir vida espiritual en nosotros. ¡No caigamos en la trampa de querer ganarnos el favor de Dios con nuestras obras! Estas acciones son obras muertas.

Pablo, el apóstol, reprendió a los cristianos de Gálatas porque habían comenzado por la fe en Cristo, pero ahora estaban tratando de ganar espiritualidad a través de obras religiosas y muertas. *¡Gálatas torpes! ¿Quién los ha hechizado...¿Recibieron el Espíritu por las obras que demanda la ley, o por la fe con que aceptaron el mensaje? ¿Tan torpes son? Después de haber comenzado con el Espíritu, ¿pretenden ahora perfeccionarse con esfuerzos humanos? Al darles Dios su Espíritu y hacer milagros entre ustedes, ¿lo hace por las obras que demanda la ley o por la fe con que han aceptado el mensaje?* (Gálatas 3:1-3,5).

Las obras muertas aparentan ser bastante religiosas. Si pones tu fe en tu testimonio, o en la lectura de la Biblia, o en tu asistencia a la iglesia, en lugar de poner tu fe en Dios, éstas (buenas obras) se convierten en obras muertas. El comprometerse con la iglesia, ayudar al pobre, ofrendar, ser un buen esposo(a) o ser un niño obediente, se constituyen en obras muertas si lo hacemos para ganarnos el favor de Dios.

Conozco gente que creen que si rompen sus malos hábitos, Dios los aceptará. Dicen, «dejaré de fumar, y luego Dios me aceptará.» Dios no nos acepta porque hemos superado un mal hábito. Él nos acepta porque su hijo Jesucristo murió por nuestros pecados en una cruz hace dos mil años. Cuando le damos nuestra vida, Él nos da poder y gracia para dejar de fumar o detener cualquier otro hábito que no lleva gloria a Dios. Dios nos acepta tal cual somos, pero nos da su gracia y deseos de cambiar.

Nuestra bondad no nos da el favor de Dios, pues ya lo tenemos. Somos llamados a hacer buenas obras, pero no para ganarnos su favor, sino porque ya lo tenemos.

Reflexión
¿Qué obras muertas hace la gente para ganarse el favor de Dios?
¿Cómo sabes que tus obras son buenas y no muertas?

Día 4
La futilidad de nuestras obras para salvarnos

Las buenas obras no tienen poder para hacernos pasar por la puerta del cielo. La Biblia dice que aún las mejores «buenas obras» que hacemos para complacer a Dios son como trapos de inmundicia comparados con su bondad. *Todos somos como gente impura; todos nuestros actos de justicia son como trapos de inmundicia. Todos nos marchitamos como hojas: nuestras iniquidades nos arrastran como el viento* (Isaías 64:6).

Toda buena obra que hagamos para impresionar a Dios o al hombre es una «obra muerta.» Una vez un mendigo venía por el camino, cuando de pronto el rey y sus cortesanos se aparecen en el camino. Apenas se encuentran, y el rey le dice: «Súbete a mi caballo.» El mendigo, asombrado, abandona su montón de preguntas interiores y se sube al caballo, y montan rumbo al palacio. Mientras entraban, el rey le dice al mendigo: «Hoy te he escogido para que vivas en mi palacio. Te daré ropa nueva y comida en abundancia. Todo lo que necesites, yo te lo daré.»

El mendigo lo pensó por unos segundos. Todo esto era demasiado bueno para ser verdadero. No se merecía un trato real, todo lo que tenía que hacer era recibir. ¿Por qué el rey lo tomaba y le suplía todas sus necesidades, sin ni siquiera haberle servido? Simplemente no tenía sentido.

Desde ese momento el mendigo vivió y disfrutó todo cuanto el rey le dio. Sin embargo, pensó «No quiero estar desprevenido», y siempre guardó su ropa vieja, por si el rey cambiaba de opinión.

Cuando el mendigo fue anciano, y estaba a punto de morir, el rey se acercó a su lecho y vio varios trapos viejos en sus manos. Ambos se miraron y empezaron a llorar. El mendigo se dio cuenta que, a pesar de vivir el resto de su vida en el palacio real, nunca había confiado en el rey. Vivió atemorizado, pudiendo haber vivido como príncipe.

Muchos hacemos lo mismo. Damos nuestra vida a Jesús, pero insistimos en guardar y confiar en nuestras buenas obras «por si acaso.» Desde la perspectiva de Dios, es como conservar trapos de inmundicia. Dios no nos recibe por nuestras buenas obras, sino por la fe en Jesucristo y su obra en la cruz. Somos justos por la fe en El.

A final de nuestras vidas no debemos tener en nuestras manos trapos viejos, guardados porque nos resultó difícil creer que el Señor deseaba bendecirnos y llenarnos de vida, sin merecerlo en absoluto.

Reflexión
Examínate a ti mismo y responde: ¿estás guardando obras muertas «por si acaso»? ¿Bajo qué condición Dios nos acepta?

Día 5
Las buenas obras, desde la perspectiva de Dios

Entonces, ¿debemos hacer buenas obras? ¡por supuesto que sí! ¡Dios quiere que hagamos buenas obras! Nuestro amor debe mostrarse en acciones. Debemos hacer millones de buenas obras, pero porque Dios ya nos amó y nos acepto, y no para ganarnos su favor. Las buenas obras no sirven para asegurar nuestra salvación. Después de llegar a Dios por fe, ser aceptado y amado, desearás obedecerle. Querrás hacer buenas obras, porque Dios te ha cambiado. Pablo dijo: *Porque somos hechura de Dios, creados en Cristo Jesús para buenas obras, las cuales Dios dispuso de antemano a fin de que las pongamos en práctica* (Efesios 2:10).

¡Dios nos dará poder para vivir la vida cristiana, de tal modo que querrás actuar de acuerdo al amor otorgado! Yo no cuido a mis hijos para llegar a ser su padre. Cuido a mis hijos porque ya soy su padre y los amo profundamente. No hacemos buenas obras para volvernos justos; las hacemos porque ya somos justos.

La nueva manera de vivir

Una vez leí la historia de una madre que enseño a su niño de 8 años, cómo limpiar el jardín de la casa. Cierto día la madre le pidió que limpie dos filas de frijoles. Le mostró cómo hacerlo, y le dijo: «Cuando termines, avísame para venir y supervisar tu trabajo.» Al finalizar, la llamó para que inspeccione lo que hizo. Ella vino, dio una mirada y movió su cabeza en señal de desaprobación. Le dijo: «Hijo, al parecer tendrás que hacerlo otra vez. Si fueras otro, sí estaría bien; pero tú no eres otros; tú eres mi hijo. ¡Y mi hijo puede hacerlo mejor!» Ahora les pregunto: ¿Esa madre dejará de amar a su hijo, porque no hizo lo encomendado a la perfección? No; simplemente esperaba algo mejor. La vida de Dios en nosotros produce buenas obras y cambio de carácter. Su amor nos motiva a alcanzar a otros y hacer buenas obras, pero por razones justas: porque le amamos con todo nuestro corazón.

Reflexión

Cuando nuestras obras no complacen a Dios, ¿qué debemos pensar según Efesios 2:10? ¿Por qué Dios espera de ti buenas obras? ¿Cuál debe ser la única motivación para hacerlo?

Día 6
Verdadera justicia

En Romanos 10:2-3 vemos gente religiosa, celosas de Dios, que pensaban ganar su salvación por méritos propios; es decir, tratando de establecer su propia justicia delante de Dios. *Puedo declarar en favor de ellos que muestran celo por Dios, pero su celo no se basa en el conocimiento. No conociendo la justicia que proviene de Dios, y procurando establecer la suya propia, no se sometieron a la justicia de Dios* (Romanos 10:2-3).

Esta gente no conocía el método de salvación de Dios. No se dieron cuenta que fueron salvos por fe en Jesucristo, trataron de establecer su propia justicia. Bastante sinceros, pero sinceramente equivocados.

Esto me recuerda a un jugador de fútbol americano, que tomó el balón y comenzó a correr en dirección opuesta, hacia su propia línea de anotación. Este jugador tenía celo; corrió lo más rápido que pudo, pero en dirección equivocada. Tenía un celo mal dirigido.

Un celo está mal dirigido cuando no se tiene la visión correcta de la verdad. Nuestras obras no pueden obtener el favor de Dios para salvación.

Una vez, cuando estuve en un aeropuerto de Latinoamérica con un amigo, teníamos que pagar en la moneda nacional el impuesto de salida. Como no teníamos está, les ofrecimos pagar en dólares americanos —que valían más—, pero no nos aceptaron, a pesar de nuestra insistencia. El gobierno había establecido su sistema monetario nacional y nosotros estábamos usando un sistema equivocado. Teníamos celo, pero a nuestra manera, y no funcionó.

Debemos ser más sinceros, y conocer la verdad. Es necesario rendir nuestros corazones a Jesús. La justicia o rectitud delante de Dios, sólo puede venir a través de la fe en Jesucristo. El diablo nos tentará para confiar en cualquier cosa y no en la obra perfecta de Jesucristo para nuestra salvación. Muchos aceptan a Jesús como su Señor, pero añaden todo tipo de buenas obras para volverse un poco más justos. Dios no nos acepta por comer alimentos correctos, o por leer la Biblia de manera correcta, o por orar del modo correcto, o por vestirnos de manera correcta. ¡Nuestra aceptación está en Jesús, y punto! Haremos lo antes mencionado, pero no para ser aceptados por Dios. ¡Las hacemos porque ya hemos sido aceptados!

Reflexión
¿Cómo tratan otros de establecer su propia justicia? ¿Cómo sabes que tu «celo por Dios» no es obra muerta?

Día 7
¿Qué es como un montón de estiércol?

El apóstol Pablo era un de descendiente de judíos puros. Tenía una prestigiosa educación griega, y fue uno de los intérpretes más influyentes del mensaje y enseñanza de Cristo, y uno de los primeros misioneros. Pero consideró todo su conocimiento y experiencia como un montón de estiércol, comparado con conocer a Jesucristo. Lo dice en Filipenses 3:7-8. *Sin embargo, todo aquello que para mí era ganancia, ahora lo considero pérdida por causa de Cristo. Es más, todo lo considero pérdida por razón del incomparable valor de conocer a Cristo Jesús, mi Señor. Por él lo he perdido todo, y lo tengo por estiércol, a fin de ganar a Cristo.*

La nueva manera de vivir

Aquellos que confían en su trasfondo cristiano, o capacitación, o credenciales para hacerse aceptables ante Dios, están confiando en cosas equivocadas. Si creciste en un hogar cristiano y estudiaste en algún instituto o escuela bíblica, ¡da gracias a Dios por eso! Sin embargo, éstas buenas obras son como basura comparado con conocer a Jesús como Señor y confiar en su justicia.

Conocer a Cristo y sostener una relación íntima con Él, es mucho más importante que lo que hacemos (o hemos hecho). Agradezco a mi esposa por preparar mis alimentos y lavar mi ropa, pero no significan nada comparado con nuestra amorosa relación juntos. ¡Disfruto conocerla más! El mismo principio se aplica a nuestra relación con Jesús.

Si haz confiado en tus buenas obras, o trasfondo cristiano, más que en tu relación con Jesús, arrepiéntete ahora. El Señor te llenará de amor, y experimentarás su justicia y su aceptación.

Cuando nos arrepentimos, hacemos un giro total; ¡cambiamos radicalmente! Si nos mudamos de un lugar a otro, también necesitaremos cambiar de colegios y empleos. Del mismo modo es en el ámbito espiritual. El verdadero arrepentimiento siempre viene antes de la verdadera fe. ¡Debemos arrepentirnos de poner nuestra fe en obras muertas, y dar un giro total para poner nuestra fe en el único Dios verdadero!

Reflexión
Haga una lista de las cosas que Pablo llama «estiércol», en las que muy a menudo confiamos, en lugar de confiar en la justicia de Dios. ¿Conocer a Cristo personalmente es lo más importante en tu vida?

CAPÍTULO 2

Fe en Dios

Versículo clave para memorizar

En realidad, sin fe es imposible agradar a Dios, ya que cualquiera que se acerca a Dios tiene que creer que él existe y que recompensa a quienes lo buscan.

Hebreos 11:6

Día 1
Un principio básico: La fe en Dios

En el capitulo previo, aprendimos que debemos arrepentirnos de tratar de ganar la aceptación de Dios haciendo buenas obras (Hebreos 6:2). Las buenas obras que hacemos para impresionar a Dios o al hombre son «obras muertas», y no nos acercan a Dios. Sólo un verdadero arrepentimiento puede llevarnos a Él.

La segunda parte de este versículo de Hebreos dice que después de arrepentirnos debemos ir hacia la «fe en Dios.» Poner nuestra fe en Dios es otro principio básico y fundamental del cristianismo. *«del arrepentimiento de obras muertas, de la fe en Dios»* (Hebreos 6:1 RV60).

¿Qué es fe? Es algo que sucede en el corazón, y que transforma la vida. No podemos profesar a Cristo en el ámbito mental. La fe en Dios produce cambio en los corazones. Nos saca del pecado y nos pone en la justicia de Dios. La Biblia define literalmente la fe, cuando dice: *«hora bien, la fe es la garantía de lo que se espera, la certeza de lo que no se ve.»*

La fe conlleva a creer, primero, y después a ver. Los cristianos, vivimos y actuamos como si ya hubiéramos visto al Señor, porque hemos confiado y puesto nuestra fe en Él. Por supuesto, Dios no es visible al ojo humano, pero sí visible a los ojos de la fe. Y creemos, aún sin verle con los sentidos físicos.

Dios llamó a Abraham «padre de multitudes», mucho antes que tuviera un hijo. La Biblia dice que Abraham «creyó contra toda esperanza» (Romanos 4:18). No esperó ver evidencia física para creer por fe.

La fe es un «regalo de Dios» (Efesios 2:8). Dios usa su cuchara divina para darnos una «medida de fe», de acuerdo a Romanos 12:3 *...según la medida de fe que Dios le haya dado.*

Por lo tanto, la pregunta no es cómo obtener fe, sino cómo ejercitar la fe que Dios ya nos ha dado. Todos tenemos fe en algo; fe en nuestra habilidad para manejar auto, fe de que el techo de la casa no se caerá, etc. Unos tienen fe en sus habilidades, otros en su filosofía; pero los cristianos enfocamos nuestra fe exclusivamente en el Dios viviente: Jesucristo.

Reflexión
¿Qué produce la fe? (Romanos 12:3). ¿De dónde proviene la fe?

Día 2
Sólo por fe puede recibirse a Cristo

¿Cómo recibir a Cristo como Señor? Por fe. ¿Cómo vivir la vida cristiana? Por fe. Hebreos 11:6 nos dice: *en realidad, sin fe es imposible agradar a Dios, ya que cualquiera que se acerca a Dios tiene que creer que él existe y que recompensa a quienes lo buscan.*

Fe es nuestra primera respuesta a Dios. Podemos confiar en Cristo por fe, y sólo por fe. No podemos depender de nuestra habilidad, sino en la habilidad de Dios. Si el mundialmente renombrado Billy Graham dependiera de sus propias obras para estar en rectitud delante de Dios, nunca lo lograría, porque el estándar de Dios es la perfección, y ni el gran hombre de Dios Billy Graham ni nadie es perfecto, excepto Jesucristo. Por esta razón debemos arrepentirnos de intentar ganar la aprobación de Dios por nuestra propia moralidad o buenas obras. Esforzarnos en ser mejores estudiantes, mejores esposos o mejores testigos de Cristo, nunca es suficiente para ganarnos la aprobación de Dios. Poner nuestra fe en Él es la única manera de complacerle. ¿Cuál es la razón para poner nuestra fe en Él y servirle? Sólo una razón: Él es Dios, por tanto digno de alabanza y completa lealtad.

Si hemos abrazado a Cristo por fe, hay que obedecerle rápido y sin desviarnos. Cuando recibimos a Jesús como Señor y ponemos nuestra fe en Él, nuestras vidas nunca más estarán llenas de nuestros propios pensamientos y deseos, como antes. ¡Las cosas han cambiado! Ahora Cristo vive en nosotros. Gálatas 2:20 dice: *ya no vivo yo sino que Cristo vive en mí. Lo que ahora vivo en el cuerpo, lo vivo por la fe en el Hijo de Dios, quien me amó y dio su vida por mí.*

¿Por qué es importante esto? Porque al darme cuenta que Cristo vive en mi, comienzo a ver la vida desde una perspectiva distinta. Comienzo a ver las cosas como realmente son. ¡Cristo vive en mí! Y el mismo Espíritu Santo que moró en Jesucristo hace dos mil años, que le dio poder para vivir sobrenaturalmente, ahora también está en mí para vivir sobrenaturalmente.

Reflexión
¿Cómo podemos complacer a Dios? ¿Cómo puede Cristo vivir en ti, y tú en Él? ¿De qué manera Cristo está viviendo en ti?

Día 3
Ponte a prueba

Recuerda, la fe no se basa en una apariencia externa o en lo que hacemos; aunque la verdadera fe produce conductas cambiadas. Podemos ser miembros de alguna iglesia, ofrendar cada semana, ayudar a otros y ofrecer nuestra vida en servir a otros; pero, como hemos aprendido anteriormente, estas buenas obras no nos hacen cristianos verdaderos. Los que aparentan cristianismo por fuera, pero por dentro no tienen vida espiritual, están engañados.

Muchas veces los falsos y genuinos cristianos se parecen tanto que resulta muy difícil diferenciarlos. Dios quiere que nos analicemos y estemos totalmente seguros de que somos genuinos. Las escrituras dicen en 2 Corintios 13:5: *Examínense para ver si están en la fe; pruébense a sí mismos. ¿No se dan cuenta de que Cristo Jesús está en ustedes? ¡A menos que fracasen en la prueba!*

Debemos examinarnos muy de cerca y comparar lo que somos con lo que la Biblia dice que un cristiano debe ser. Los policías instruidos para distinguir billetes falsos, han pasado mucho tiempo estudiando billetes verdaderos. Cuando estudiamos lo real, la Biblia, y le permitimos al Espíritu Santo enseñarnos, aprendemos a diferenciar entre lo real y lo falso. La Biblia dice que el Espíritu Santo nos guiará a toda verdad. *Pero cuando venga el Espíritu de la verdad, él los guiará a toda la verdad, porque no hablará por su propia cuenta sino que dirá sólo lo que oiga y les anunciará las cosas por venir* (Juan 16:13). El Espíritu Santo nos convence para enseñarnos, corregirnos y guiarnos a la verdad.

Una vez un amigo mío me dio un caramelo. Pero lo que realmente me dio fue un trozo de madera cuidadosamente envuelta en el papel de caramelo. ¡Abrí la envoltura y descubrí su truco! Cada cristiano debe examinarse a sí mismo para determinar si su salvación es real o falsa.

Reflexión
¿Cómo diferenciar entre verdaderos y falsos cristianos? ¿Cómo guía el Espíritu Santo hacia toda verdad?

Día 4
Justos a través de la fe en Dios

¿Cómo saber si somos justos delante de Dios? Romanos 3:22 dice que podemos serlo sólo a través de la fe en Jesucristo. *Esta justicia de Dios llega, mediante la fe en Jesucristo, a todos los que creen. De hecho, no hay distinción.*

Justicia es nuestra rectitud ante Dios y con Dios. Una conciencia justa significa estar constantemente conscientes de nuestra rectitud para con Dios a través de la fe en Jesucristo.

Romanos 4:3 dice claramente: *creyó Abraham a Dios, y esto se le tomó en cuenta como justicia.* El término «tomó en cuenta» literalmente significa acreditado. El Señor acredita a nuestra cuenta justicia, cuando creemos. Si alguien deposita cada semana un monto a tu cuenta bancaria, podrías decir «no merezco esto», pero tu cuenta seguirá creciendo lo merezcas o no. Eso es exactamente lo que Dios hace. La Biblia dice que si creemos en Dios, como Abraham, ¡el Señor depositará justicia en nuestra cuenta! Así que, ser rectos delante de Dios no depende de lo que hagamos, sino de nuestra fe en Jesucristo (confianza en Él).

Cuando comenzamos a confesar la verdad sobre nuestra justicia por fe, ¿sabes qué sucede? ¡El Señor comienza a proveer nuestras necesidades! *Más bien, busquen primeramente el reino de Dios y su justicia, y todas estas cosas les serán añadidas* (Mateo 6:33). Dios suple nuestras necesidades porque somos sus hijos, por fe en Jesucristo. Dios nos hace justos mediante la fe en Jesús. Nos ha aceptado. Y cuando le buscamos, nos provee.

A menudo los nuevos creyentes cometen el error de confiar demasiado en sus sentimientos. Un día sienten a Dios cerca, y otro día lo sienten lejos. No podemos confiar en nuestros sentimientos, sino en la verdad de la Palabra de Dios. Cuando nos desanimamos o deprimimos, tomemos la decisión, en el nombre de Jesús, de reemplazar esos pensamientos con los pensamientos de Dios sobre nosotros. Mírate como Dios te ve. Mira a los demás como Dios los ve. ¡Eso es buscar primeramente su reino y su justicia, entonces las añadiduras vendrán!

Reflexión
¿Qué es justicia? ¿Cómo se recibe la justicia por fe?

Día 5
Cuídate de tener conciencia de pecado

Hay quienes tienen mentalidad opuesta a conciencia de justicia; es decir, «conciencia de pecado.» Esto hace que siempre estén conscientes o pensando en su tendencia a fallar y pecar, y por lo tanto no pueden obedecer a Dios. La Biblia dice que debemos confiar en la capacidad de Dios (fe en su fuerza). *Ésta es la confianza que delante de Dios tenemos por medio de Cristo. No es que nos consideremos competentes en nosotros mismos. Nuestra capacidad viene de Dios. Él nos ha capacitado para ser servidores de un nuevo pacto, no el de la letra sino el del Espíritu; porque la letra mata, pero el Espíritu da vida* (2 Corintios 3:4-6).

Sin la capacidad de Dios no podríamos hacer nada. No podemos obedecer a Dios con nuestras propias fuerzas. Debemos tener fe en la fuerza de Dios. Cada vez que nos proponemos mejorar «sin ayuda de nadie» empezaremos a vivir con conciencia de pecado. La conciencia de pecado centra nuestros pensamientos en nosotros mismos. Cuando dependemos de nuestras propias habilidades, nos enorgullecemos cuando triunfamos o nos deprimimos cuando fracasamos. En lugar de ello debemos mirar a Jesús, quien nos da fuerza y paz.

Si estuviera en el hospital y le extraen el apéndice casi perforado, ¿en qué se concentraría? ¿En el dolor? ¿En las puntadas? O va a decir «¡alabado sea Dios; el apéndice ha sido extirpado; ya estoy sano, en el nombre de Jesús!» Cada quien decide en qué pensar; o en el dolor o en la sanidad. Si mantenemos nuestros ojos en Jesús y su justicia, entonces Dios con toda libertad nos colmará con su promesa de vida abundante.

Puedo asegurarle que, si eres un hijo de Dios y hay pecado en ciertas áreas de su vida, el Señor se lo hará saber. Él lo ama mucho, se lo dirá a través de su Palabra o le traerá gente para decírcelo. Hará cualquier cosa para asegurarse de que lo sepa. Así, mirarás a Jesús y sabrás que eres «justo en Él.» Cuando comprende este principio y comienza a vivir en la justicia de Dios, cada vez que se vea así mismo (propia justicia), en lugar de Jesús, se sentirá confundido y desalentado.

Reflexión

¿Qué es conciencia de pecado? ¿Por qué una actitud negativa es señal de débil fe? ¿Mejorar sin ayuda de nadie es una idea bíblica?

Día 6
Plante semillas de justicia

¿Alguna vez te despertaste de madrugada un día feriado, al sonido de la alarma recordándote que es hora de salir a trabajar? Te levantas, te automotivas; de pronto te das cuenta que es feriado y te vuelves a dormir. ¡Ya estás consciente de la verdad!

La Biblia nos exhorta a «estar conscientes de la justicia.» ¡Sólo así podrás testificar, ser un hombre o mujer de Dios, disfrutar del trabajo, amar a tus padres, tener una familia consagrada a Dios (a pesar de las circunstancias), dar pasos de fe y vivir victoriosamente! ¡Ya eres justo por fe en Jesucristo! Hay que estar conscientes de esta verdad, si deseas vivir justa y victoriosamente por la gracia de Dios. *Vuelvan a su sano juicio, como conviene, y dejen de pecar* (1 Corintios 14:34).

Hay una historia acerca de una operación de rescate de dos hombres hundidos en alta mar. Los rescatistas tiraron una cuerda desde el helicóptero; el primer hombre se asió de ella y subió al helicóptero, mas el otro no podía. Alegaba, «¡es extremadamente peligroso colgarme de una cuerda atada a la parte baja de un encegueciendo las mentes. El diablo odia a los que ponen su fe y confianza en el Señor. Sabe que si la gente se concentra en el temor, la pobreza, las enfermedades y las circunstancias, automáticamente se sentirán derrotados y deprimidos.

Algunas veces no paso suficiente tiempo con Dios, aún sabiendo que el Señor me ha llamado a buscar su rostro, leer su palabra y mirarlo. Entonces el diablo viene a decirme «fallaste, todo se acabó; ahora Dios no podrá usarte.» Mas en lugar de seguir escuchando sus mentiras, inmediatamente oro y digo, «Señor, creo lo que tu Palabra dice acerca de mí. Me arrepiento de errar al blanco; y por tu gracia, procuraré ser más obediente.»

Imagine un juguete; grande, alto, y sobre una base pesada. Cuando lo empujas hacia abajo, siempre vuelve a levantarse. Eso mismo desea Dios para los cristianos. Debemos decir «no escucharé

La nueva manera de vivir

las mentiras del diablo; si caigo, me levantaré en el nombre de Jesús y seguiré avanzando.»

Alguien dijo: «Mira alrededor y te estresarás. Mira dentro de ti mismo y te deprimirás. Mira a Jesús y descansarás.» Debemos confiar en Dios por fe si verdaderamente deseamos complacerlo. El Señor tiene grandes planes para cada uno, de acuerdo a Jeremías 20:11 *Porque yo sé muy bien los planes que tengo para ustedes afirma el Señor, planes de bienestar y no de calamidad, a fin de darles un futuro y una esperanza.* Sí, el Señor está refiriéndose a ti y a mí. ¡Nuestro Dios está pensando en nosotros y está pendiente de nuestro futuro!

Reflexión
¿De qué maneras engaña el diablo? ¿Cuáles son los deseos de Dios para ti?

CAPÍTULO 3

Una poderosa combinación: Fe y Palabra

Versículo clave para memorizar

Así que la fe viene como resultado de oír el mensaje, y el mensaje que se oye es la palabra de Cristo.

Romanos 10:17

Día 1
¿Cómo sabemos que la Biblia es la verdadera Palabra de Dios?

En este capitulo descubriremos cómo la fe y la Palabra de Dios, son una poderosa combinación para vivir la vida abundante que Cristo prometió darnos. Pero primero veamos por qué la Biblia es la verdadera Palabra de Dios. Hoy, muchos libros proclaman ser la Palabra de Dios; el Corán, el Libro del Mormón, La Bhagavad Vita y La Biblia. Los cristianos creemos que la Biblia es la Palabra de Dios y fuente de la verdad para vivir. ¿Cuál es la evidencia que prueba su autoridad y origen divino?

La Biblia misma proclama ser la Palabra de Dios. *Toda escritura es inspirada por Dios* (2 Timoteo 3:16). Inspirado significa *soplado* por Dios. Los escritores bíblicos fueron sobrenaturalmente guiados a escribir lo que Dios quería que escriban. Estos santos hombres de Dios hablaron movidos por el Espíritu Santo (2 Pedro 1:20-21). Jesús mismo enseñó que la escritura es la Palabra inspirada de Dios, aún en los detalles más pequeños. *Les aseguro que mientras existan el cielo y la tierra, ni una letra ni una tilde de la ley desaparecerán hasta que todo se haya cumplido* (Mateo 5:18).

Muchos escépticos han tratado de destruir la autoridad de la Biblia, pero aún así se ha mantenido como el libro más conocido de toda la historia mundial, y ha probado por sí misma ser la verdad una y otra vez. Esta fue escrita en un período de 1500 años, por más de 40 diferentes autores, de distintos estilos de vida, y de una gama de nacionalidades, trataron una gran variedad de temas, pero todos unificados en un sólo mensaje: Jesucristo. Esa unidad, por sí sola, es una sorprendente prueba de la inspiración divina y autoridad de la Biblia.

Reflexión
¿Qué enseñó Jesús acerca de las Escrituras?

Día 2
Combine de fe y Palabra

Debemos tomar la Palabra y combinarla con la fe. Sólo el oír la Palabra de Dios no nos cambia; ¡sólo sucedera si actuamos en ella (por fe)! El libro de Hebreos nos dice que *el mensaje que escucharon no les sirvió de nada, porque no se unieron en la fe a los que habían prestado atención a ese mensaje* (Hebreos 4:2).

Algo poderoso sucede cuando la Palabra de Dios es combinada con la fe. Me recuerda al pegamento epóxico. Cuando sus dos ingredientes son combinados, algo poderoso sucede y es capaz de pegar todo tipo de material.

Cuando era adolescente siempre quise tener un set de químicos. Mis padres nunca me lo compraron. Quizá porque temían que vuele el techo. Sin embargo improvisé e hice mis propios experimentos. Un día mezclé bicarbonato de sodio con vinagre, y descubrí que juntos ocasionaban una gran explosión. Por sí solos no son explosivos; pero cuando son mezclados, ocurre una reacción química explosiva.

De igual modo, cuando combinamos la Palabra de Dios con fe y decimos «voy a creer en la Palabra y actuar en ella,» una explosión espiritual ocurre en nuestras vidas. Nos surge la fe del corazón y experimentamos la vida abundante que prometio Jesús. No bases tu vida en tu propia justicia, sino en la justicia que viene por fe en Jesucristo y su Palabra.

Cierta vez, una mujer, emocionalmente deprimida, fue en busca de un sabio creyente para pedirle un consejo. Le explicó que su hija estaba involucrada en inmoralidad. El consejero le dio un consejo simple: «Empieza a verte a ti misma y a tu hija como Dios las ve. En lugar de deprimirte por la situación de tu hija, mírala a través de la cruz. ¡Confiesa la verdad de la Palabra de Dios para su vida!»

Unos meses después, esta mujer y su hija fueron al consejero sonriendo de oreja a oreja. La mujer le dijo al consejero: «Oré y empecé a ver a mi hija desde la perspectiva de Dios. Mi hija vivía con un hombre que no era su esposo, y un día se levantó tan deprimida y decidió quitarse la vida, pero antes vino a la casa a verme. Mi familia y yo la recibimos con sumo gozo. Le dimos tanto amor que decidió entregar su vida a Jesús. ¿Por qué? Porque empezamos a verla a través de la cruz, con los ojos de amor de Jesús.» Esta familia puso su fe en la Palabra de Dios y no en sus sentimientos ni circunstancias. El Señor quiere que tú y yo hagamos lo mismo.

Reflexión
¿Has experimentado una explosión espiritual en tu vida? Cuenta una experiencia cuando no sólo oíste la Palabra de Dios sino que también actuaste en ella.

Día 3
Jesús y su palabra son uno

La mejor manera de servir a Jesucristo y conocer su voluntad para nuestras vidas es, simplemente vivir en obediencia a su Palabra, las Escrituras. Como puedes ver, Jesús y su Palabra son uno. Apocalipsis 19:13 dice:« ...*y su nombre es el Verbo de Dios.*»

Cuando viajo, mi esposa a menudo pone notas en mi equipaje. Me encanta leer sus notas; es como si ella misma me hablara. Cuando la Biblia dice que Dios me ama o me ordena hacer alguna cosa, es como si Jesús mismo me hablara en forma audible. Andar bajo el señorío de Cristo es escuchar lo que nos dice en su Palabra. Jesús dijo *las palabras que les he hablado son espíritu y son vida* (Juan 6:63b).

Los cristianos verdaderos hemos escogido vivir en completa obediencia a la Palabra de Dios. Para nosotros, la Palabra es espíritu y vida. La Biblia es nuestra guía directa respecto a la voluntad de Dios, y nos enseña a vivir según los deseos de Dios y no según los nuestros. Si queremos vivir en victoria, cada día debemos leer la Palabra de Dios y confesar a Jesucristo como Señor. La Palabra nos renueva. *No se amolden al mundo actual, sino sean transformados mediante la renovación de su mente. Así podrán comprobar cuál es la voluntad de Dios, buena, agradable y perfecta* (Romanos 12:2).

Cuando renovamos nuestra mente con la Palabra de Dios y la obedecemos, no sólo vamos conociendo mejor a Jesús, sino ¡también nos liberamos! Cuando hacemos lo que nos dice la Palabra y el Espíritu Santo, estamos obedeciendo a Dios. ¡Por eso es tan importante la Escritura!

Si guardo rencor contra alguien y al leer las Escrituras descubro que dicen: que al no perdonar a otros, tampoco puedo recibir el perdón de Dios (Mateo 6:14-15). Entonces me encuentro en una encrucijada. O escojo mi camino o el camino de Dios. Debemos confiar y obedecer la Palabra de Dios para renovar nuestra mente y cambiar.

Reflexión
¿Cómo nos guía la Biblia hacia la voluntad de Dios para nuestras vidas? ¿Está renovando la Palabra de Dios tu mente?

Día 4
Desate fe al confesar la Palabra

Desatas fe al confesar con tu boca la Palabra de Dios, de acuerdo a Romanos 10:9-10. *Que si confiesas con tu boca que Jesús es el Señor, y crees en tu corazón que Dios lo levantó de entre los muertos, serás salvo. Porque con el corazón se cree para ser justificado, pero con la boca se confiesa para ser salvo.*

Fuimos salvos cuando creímos la verdad de la Palabra de Dios en nuestros corazones y lo confesamos con nuestra boca. Cuando recibimos a Jesús, recibimos el evangelio o las buenas nuevas. La Palabra de Dios está llena de las buenas nuevas.

Ser «salvos» no sólo significa irse al cielo. También significa ser sanado y liberado por dentro, tanto emocional, financiera y mentalmente, y en toda área de la vida. La clave es creer en la Escritura y confesarla, es decir combinar nuestra fe con la Palabra de Dios y desatar poderosos milagros en nuestra vida.

Cada día doy gracias a Dios que soy justo por la fe en Jesucristo. Le agradezco por su Palabra y por lo que ha hecho en mi vida. Ahora sé que soy recto delante de Dios, no por mis buenas obras, sino por la fe en Jesucristo.

Cuando me hice cristiano empecé a leer la Biblia todos los días. Mi mente empezó a renovarse con la Palabra, y por lo tanto comencé a pensar y actuar de modo diferente. Tal como la escritura lo promete, de dentro mío emergió fe, de acuerdo a Romanos 10:17. *Así que la fe viene como resultado de oír el mensaje, y el mensaje que se oye es la palabra de Cristo.*

Reflexión
¿Desataste fe la semana pasada? Explícanos.

Día 5
Vea la fe venir

Tengo un amigo que sirvió como pastor en la India por muchos años. Una vez me dijo: «En la cultura del oriente vemos la Biblia de modo distinto a cómo ustedes la ven. La vemos en imágenes. Cuando leemos que la fe viene por el oír, y el oír por la Palabra de Dios, ¡realmente vemos la fe venir! Lo confesamos porque Dios dice que es así, y lo vemos venir con nuestros ojos espirituales.»

Yo creo que Dios quiere que veamos qué sucede cuando tomamos seriamente la Biblia y nos decimos a nosotros mismos. ¡Veremos la fe venir! Mucha gente quiere sentir su fe con sus emociones, pero así no funciona la fe.

Piense un tren en marcha. Imagine que el motor que jala el tren sea la Palabra de Dios, y el siguiente vagón nuestra fe, y el último vagón nuestras emociones y sentimientos. Entonces, cuando ponemos nuestra fe en la Palabra de Dios, nuestros sentimientos o emociones siguen como vagones. Pero si ponemos nuestra fe en los sentimientos, nos frustraremos y el enemigo aprovechará para desalentarnos. Pon tu fe en la Palabra de Dios, y tus sentimientos siempre seguirán. Fe no es un sentimiento, sino una fuerza poderosa y viviente que se desata en nuestras vidas cuando oímos y confesamos la Palabra de Dios diariamente. *Ciertamente, la palabra de Dios es viva y poderosa, y más cortante que cualquier espada de dos filos. Penetra hasta lo más profundo del alma y del espíritu, hasta la médula de los huesos, y juzga los pensamientos y las intenciones del corazón* (Hebreos 4:12).

La Palabra de Dios nos inspira a pensar como Jesús piensa, y desata el poder de Dios para diferenciar entre nuestros propios pensamientos (alma) y los pensamientos que Dios pone en nuestro espíritu.

Reflexión
Describe alguna experiencia cuando «viste la fe venir.» ¿Qué pasa si pones tu fe en los sentimientos y no en la Palabra de Dios.

Día 6
Medite en la Palabra de Dios

Para crecer espiritualmente, debemos leer y meditar en la Palabra de Dios cada día. Sólo así renovaremos nuestra mente. Si no llenamos nuestra mente con las verdades de la Biblia, las filosofías del sistema del mundo, que están en contra de la verdad de Jesucristo, nos desviarán. Ejercitar fe en Dios implica leer la Biblia y obedecerla.

¿Qué significa meditar en la Palabra de Dios? Significa darle vueltas en nuestra mente una y otra vez. Josué 1:8 nos dice: *Recita siempre el libro de la ley y medita en él de día y de noche; cumple con cuidado todo lo que en él está escrito. Así prosperarás y tendrás éxito.*

Las vacas tienen varios estómagos. Llenan sus estómagos de pasto, y luego pasan el resto del día rumiando, sentados bajo la sombra de un árbol. La comida pasa de un estómago a otro, mientras intermitentemente eructan y mastica otra vez. Hagamos lo mismo cuando meditemos en la Palabra de Dios. Hay que leerla, escribir notas, repasarla varias veces durante el día, incluso memorizarla (rumiar).

Cuando entregué mi vida a Cristo, escribía en fichas de cartulina versículos bíblicos de especial significado para mi. Durante el día, sacaba la cartulina para memorizarla y meditar en su significado. Literalmente «daba vueltas» la Palabra de Dios en mi mente hasta volverse parte de mi. Así, durante mis primeros años de cristiano, memoricé cientos de versículos bíblicos.

Hay una gran diferencia entre meditación bíblica y la práctica de técnicas de meditación yoga por gurúes hindúes y monjes budistas. Estos líderes religiosos, al igual que los cultos modernos de la Nueva Era, enseñan a meditar con una meta primaria: dejar la mentes en blanco. Esta desconexión entre cuerpo-espíritu o estado alterado de conciencia, abre puertas a lo oculto en el alma humana. En cambio la Biblia nos insta a llenar nuestras mentes con la Palabra de Dios (meditación). Cuando la practicamos, el Espíritu Santo ilumina la Palabra de Dios nuestra mente y nos cambia.

Reflexión
¿De qué formas meditas en la Palabra de Dios?

Día 7
Siembra y cosecha espiritual

Dios nos ha llamado a sembrar su Palabra. Hay dos formas de hacerlo: orando alineados con su palabra, y hablando a otros. Jesús habló sobre los sembradores de la Palabra de Dios, diciendo: *El sembrador siembra la palabra... Pero otros son como lo sembrado en buen terreno: oyen la palabra, la aceptan y producen una cosecha que rinde el treinta, el sesenta y hasta el ciento por uno* (Marcos 4:14,20).

Cuando sembramos la semilla de la Palabra, enseguida viene una cosecha sobrenatural. Quizá no el primer día o semana, pero pronto.

Cuando era muchacho solía tirar semillas de sandía al jardín. Unos meses después teníamos sandías por todos lados. Cuando sembramos la Palabra a través de la oración y confesión de la verdad (a otros y a nosotros mismos), pronto veremos una cosecha abundante y poderosa de parte de Dios. Sembramos semillas espirituales dinámicas, cuando oramos por otros y los alentamos. Recuerda, Dios ha prometido recoger una cosecha.

Una vez viajaba con un joven no cristiano, y aproveché para sembrar semillas espirituales en su vida. Simplemente le dije, «Dios tiene un llamado para tu vida, y creo que vas a ser un hombre de Dios. Dios va a usarte». Meses después me dijo que recibió a Cristo en su vida y me recordó de las «semillas de verdades» que sembré en su vida meses antes.

El mundo entero es un jardín espiritual, y el Señor desea que sembremos semillas de vida dondequiera que vayamos. Plantemos por fe semillas espirituales en la vida de la gente, para luego hacer lo que hacen los agricultores cada año: orar y esperar que las semillas germinen.

Reflexión

Expliqué las veces que sembró semillas espirituales en otros. ¿Qué resultados vistes?

CAPÍTULO 4

Vivir en victoria

Versículo clave para memorizar

...Cristo vive en mí. Lo que ahora vivo en el cuerpo, lo vivo por la fe en el Hijo de Dios, quien me amó y dio su vida por mí.

Gálatas 2:20b

Día 1
Hay una batalla que pelear

¿Por qué hay personas que no se interesan por las cosas de Dios? La explicación es sencilla: están cegados espiritualmente por el enemigo. *Pero si nuestro evangelio está encubierto, lo está para los que se pierden. El dios de este mundo ha cegado la mente de estos incrédulos, para que no vean la luz del glorioso evangelio de Cristo, el cual es la imagen de Dios* (2 Corintios 4:3-4).

El diablo no solo esconde la verdad del evangelio de nosotros, sino que también libra una batalla constante una vez que nos hacemos cristianos. El camino del cristiano puede describirse como una guerra espiritual, y debemos equiparnos para pelear. Según Efesios 6:12 hay una batalla por nuestras almas. No es contra gente, sino contra demonios del infierno. *Porque nuestra lucha no es contra seres humanos, sino contra poderes, contra autoridades, contra potestades que dominan este mundo de tinieblas, contra fuerzas espirituales malignas en las regiones celestiales* (Efesios 6:12).

La oración y confesión de la Palabra son capaces de romper toda maquinación demoníaca que batallan para que no recibamos la Palabra de Dios y la convicción vivificante del Espíritu Santo. En cierta ocasión, mi amigo y yo oramos por un hombre con cáncer. Mi amigo, la esposa del hombre (que era creyente) y su nuera habían orado muchos años por su salvación, pero sin ningún resultado. Cuando entré a su casa, sentí que debía contarle mi testimonio. ¡Treinta minutos después estaba recibiendo a Jesús como Señor de su vida! Todos nos alegramos. Sabíamos que la batallada fue ganada por las oraciones de muchos años atrás. Nuestro amigo en común, su esposa y su nuera habían batallado contra las fuerzas del diablo que lo tenían cegado espiritualmente hasta ese día, cuando por fin la luz del evangelio lo iluminó.

Toda incredulidad proviene del diablo y de sus hordas demoníacas. Vivimos en un mundo espiritual y hay una batalla espiritual que pelear. *Por lo tanto, pónganse toda la armadura de Dios, para que cuando llegue el día malo puedan resistir hasta el fin con firmeza...Tomen el casco de la salvación y la espada del Espíritu, que es la palabra de Dios.* (Efesios 6:13, 17). La espada del Espíritu que usamos para vencer al diablo es la Palabra de Dios. Tal como aprendimos en el último capítulo, debemos mezclar la palabra de

Dios con fe y sembrar semillas. Dios promete darnos una buena cosecha y victoria total en nuestras batallas.

Reflexión
Comenta sobre alguna reciente batalla espiritual en la que hayas peleado y ganado. ¿De qué forma nos auxilia la Palabra de Dios?

Día 2
Completos: espíritu, alma y cuerpo

Otro campo de batalla es nuestra mente. Todos los días somos bombardeados con pensamientos anti Dios. Es importante entender que tentación no es pecado. Pero se convierte en pecado cuando permitimos que controle nuestros pensamientos y acciones. ¿Cómo manejar esos pensamientos que vienen a nuestra mente? Hablando la Palabra de Dios y reprendiendo al diablo en el nombre de Jesucristo. Porque sólo se puede avanzar sabiendo que somos justos por fe en Jesucristo.

Como cristianos necesitamos purificarnos diariamente de cada pecado que amenaza contaminarnos. La Biblia enseña que somos espíritu, alma y cuerpo. Antes de ser cristianos, tu cuerpo, alma y espíritu estaban contaminados por el pecado. Pero ahora que ya eres creyente, has sido santificado. *Que Dios mismo, el Dios de paz, los santifique por completo, y conserve todo su ser espíritu, alma y cuerpo, irreprochable para la venida de nuestro Señor Jesucristo* (1 Tesalonicenses 5:23).

Si tú y yo hablamos cara a cara, no ves todo mi ser. Lo que ves es mi cuerpo. Mi espíritu es la parte que se comunica con Dios. Mi alma está compuesta por mi mente, emociones y voluntad.

Cuando recibimos a Jesucristo como Señor, nuestro espíritu renace instantáneamente por el Espíritu Santo de Dios. Nos volvemos nuevos y relucientes por dentro. ¿Nuestro cuerpo cambia? Absolutamente. Mira a los que están llenos de Dios, y verás en sus rostros un sentido de paz. Ahora relucen por la presencia de Dios; sus rostros brillan con la gloria de Dios.

¿Qué sucede con el alma? El alma no cambia instantáneamente. Debe ser renovada con la lectura y meditación de la Palabra de Dios. La Biblia nos dice: *No se amolden al mundo actual, sino sean transformados mediante la renovación de su mente. Así po-*

drán comprobar cuál es la voluntad de Dios, buena, agradable y perfecta (Romanos 12:2).

En cierto modo, todos somos producto del pasado. De allí viene nuestra forma de pensar respecto a los grandes asuntos de la vida. La Palabra de Dios debe renovar nuestra mente si queremos ver la vida desde la perspectiva de Dios y cosechar los beneficios que trae la sabiduría divina (Josué 1:8).

Si meditamos en la Palabra de Dios, empezaremos a vernos desde la perspectiva de Dios, y no desde la nuestra. Un cristiano nuevo se dará cuenta que su alma (mente, emociones, voluntad) alcanzan el mismo nivel, de lo que sucedió en su espíritu, el día que recibió a Jesús como Señor. Poco a poco él empezará a «pensar como Dios» (Él piensa de acuerdo a los preceptos revelados en la Biblia); y no como su antigua manera de pensar.

Cuando ponemos nuestro pasado (y presente) ante el Señor, su paz aguarda en la puerta de nuestra mente y corazón, y empezamos a cambiar. *Y la paz de Dios, que sobrepasa todo entendimiento, cuidará sus corazones y sus pensamientos en Cristo Jesús. Por último, hermanos, consideren bien todo lo verdadero, todo lo respetable, todo lo justo, todo lo puro, todo lo amable, todo lo digno de admiración, en fin, todo lo que sea excelente o merezca elogio* (Filipenses 4:7-8).

Si meditamos en las cosas santas de la vida, la paz de Dios cuidará que las preocupaciones de este mundo no nos dañen. El Señor sabe que somos una obra en proceso, y es Él mismo quien día a día nos está cambiando espíritu, alma y cuerpo.

Reflexión
¿Qué debes hacer cuando seas tentados? ¿Cómo estás renovando tu espíritu, alma y cuerpo?

Día 3
Eres una nueva criatura

Cuando naces de nuevo, un milagro sucede dentro tuyo. Te conviertes en una nueva y reluciente persona. Eres una nueva criatura en Cristo Jesús. La Biblia dice en 2 Corintios 5:17 *Por lo tanto, si alguno está en Cristo, es una nueva creación. ¡Lo viejo ha pasado, ha llegado ya lo nuevo!*

Que un elefante se transforme en una mariposa no podría ser sino un gran milagro. De esa forma un indescriptible milagro ocurrió dentro nuestro por fe, en Jesucristo. Recuerda, poner nuestra fe en Jesús significa no confiar en nosotros mismos o en nuestras buenas obras. En 2 Corintios 1:9-10, Pablo, estando en prisión y en terrible circunstancia, exhorta a la iglesia de Corinto a no confiar en sí mismos sino en Dios, el único capaz de librarlos. *Pero eso sucedió para que no confiáramos en nosotros mismos sino en Dios, que resucita a los muertos. Él nos libró y nos librará de tal peligro de muerte. En él tenemos puesta nuestra esperanza, y él seguirá librándonos* (2 Corintios 1:9-10).

Fe es creer y confiar en Dios y nada más. No es «voltear la hoja», tampoco abandonar formas antiguas de hacer las cosas. No; un milagro sucede en nuestro interior Y sabemos que ha sucedido porque la Palabra de Dios lo dice. Sabemos, por fe en la Palabra de Dios, que somos nuevas criaturas en Jesucristo. ¡Cristianismo es caminar por fe, no por vista! Somos justos sólo por fe en Jesucristo, y cada día nos hace nuevos.

Reflexión
Explica en tus propias palabras lo que significa estar «en Cristo». ¿Cuál es la evidencia de que eres una nueva criatura?

Día 4
¡Sean libres!

El día que nos unimos a la familia de Dios, fuimos liberados del poder del pecado sobre nuestra vida, y también de la culpa. Jesús nos dice en Juan 8:31-32, *Si se mantienen fieles a mis enseñanzas, serán realmente mis discípulos; y conocerán la verdad, y la verdad los hará libres.*

La primera parte de este versículo dice que debemos permanecer en la Palabra de Dios; entonces conoceremos la verdad y experimentaremos libertad. Nadie es verdaderamente libre a menos que el poder del pecado se haya vuelto inoperante en su vida al considerarse muerto al pecado y vivo para Dios. La Biblia dice que hemos sido adoptados en la familia de Dios. *Y ustedes no recibieron un espíritu que de nuevo los esclavice al miedo, sino el Espíritu que los adopta como hijos y les permite clamar: «¡Abba! ¡Padre!»* (Romanos 8:15).

¡El que vive en pecado está sujeto al temor, porque es culpable! Su conciencia siempre lo amonestará. Pero un cristiano ya no tiene ese temor, porque ha sido adoptado como hijo en la familia de Dios (Juan 1:12; Efesios 1:5; Gálatas 4:5).

La falsa culpabilidad es aquello que te hace sentir culpable, aunque en el fondo es sólo vergüenza. Son sentimientos negativos producto de un pasado pecaminoso. La falsa culpabilidad nos hace sentir sucios y pecadores, aún después de confesar y ser perdonado por Dios.

Antes de recibir a Jesús como Señor, sentía una culpa genuina por mis pecados. Y persistían, aún después de recibir al Señor, a pesar de estar totalmente perdonado desde la perspectiva de Dios. Esto duró hasta que leí 1 Juan 1:9, *Si confesamos nuestros pecados, Dios, que es fiel y justo, nos los perdonará y nos limpiará de toda maldad.* A partir de ese momento dejé de vivir por experiencias, sentimientos y temores del pasado. Comencé a vivir por la Palabra de Dios y la culpa se fue. Supe que fui perdonado, porque la Biblia lo dice así. Recordé que Dios ha «trasladado mis pecados tan lejos como la distancia del este al oeste» (Salmo 103:12). Estaba a salvo de toda condenación, como si nunca hubiera cometido nada. ¡Así es cómo Dios perdona cuando ponemos nuestra confianza en Él!

Reflexión
¿En qué formas «la verdad» te ha hecho libre?

Día 5
El Diablo condena; Dios da convicción

Cuando pecamos, el diablo nos dice que largo es el camino para volver a Dios; nos hace creer que Dios nunca más nos usará de nuevo. Pero ahora sabemos algo mucho mejor. Si pecamos, y nos arrepentimos (detenernos y cambiar de dirección), el Señor nos perdona, y seguimos la carrera con un expediente limpio.

Muchas veces la restitución debe seguir al arrepentimiento. Es decir, ser justos con aquellos a quienes hemos dañado. Si alguien se arrepiente de robar, deberá pagarlo. Aunque ya fue perdonado, al confesar su pecado, ahora debe dar un paso de obediencia y restituir lo robado. Cuando Zaqueo se arrepintió de administrar deshonestamente la agencia de impuestos, le dijo al Señor que restituiría hasta cuatro de lo que había robado (Lucas 19:8-9).

Un tiempo después de recibir a Jesucristo como mi Señor, convencido por el Espíritu Santo, recordé que había engañado a un compañero de secundaria. Otro amigo, él y yo estábamos jugando una apuesta, y todo estaba arreglado para que siempre perdiera. Entonces le escribí a mi compañero de clase explicándole lo que había pasado, pidiéndole que me perdone y devolviéndole su dinero con intereses. Unas semanas después me respondió diciendo que me perdonaba y me agradecía por escribirle. No restituí para ser perdonado, porque yo ya había sido perdonado.

El diablo condena, pero Dios da convicción. ¿Cuál es la diferencia? La condenación trae duda, temor, incredulidad y pérdida de esperanza. Satanás nos condena para derrumbarnos y destruir nuestra fe. Dios nos da convicción para devolvernos la justicia y la fe. El Señor siempre corrige y edifica, y siempre da esperanza y salida. *Ustedes no han sufrido ninguna tentación que no sea común al género humano. Pero Dios es fiel, y no permitirá que ustedes sean tentados más allá de lo que puedan aguantar. Más bien, cuando llegue la tentación, él les dará también una salida a fin de que puedan resistir* (1Corintios 10:13).

No aceptes la condenación del diablo; tampoco de otras personas. *Por lo tanto, ya no hay ninguna condenación para los que están unidos a Cristo Jesús, pues por medio de él la ley del Espíritu de vida me ha liberado de la ley del pecado y de la muerte* (Romanos 8:1-2). ¡Jesucristo te ha hecho libre! Libre del pecado y la muerte. Eres justo por la fe en Jesucristo.

Reflexión
¿Alguna vez te sentiste condenado por algún pecado, en lugar de sentir convicción? Explica la diferencia.

Día 6
¡Vive una vida plena!

El Señor desea darnos una vida plena y abundante. *Yo he venido para que tengan vida, y la tengan en abundancia* (Juan 10:10).

La palabra *vida abundante* viene de la palabra griega *zoe* y significa «fuente de vida y la misma naturaleza de Dios», Entonces, vida abundante es una vida llena de la misma naturaleza de Dios. Es abundante en cantidad y calidad, (sobreabundante). Esa es la clase de vida que Dios ha preparado para sus hijos.

Cristo vive en nosotros para ayudarnos a vivir en plenitud y victoria. *He sido crucificado con Cristo, y ya no vivo yo sino que Cristo vive en mí. Lo que ahora vivo en el cuerpo, lo vivo por la fe en el Hijo de Dios, quien me amó y dio su vida por mí (*Gálatas 2:20). Recuerdo perfectamente cuando esta verdad se hizo real en mi vida; sucedió mientras trabajaba en nuestra granja. Estaba pastando el ganado, y me sentía frustrado por mi falta de habilidad para cumplir la faena. Entonces oré por sabiduría de Dios en lugar de confiar en mi propia fuerza. Luego que confesé «Cristo vive en mí», me llené de nueva energía para cumplir mis labores. Al fin había aprendido que Cristo vive en mí y que debo depender únicamente de su fuerza.

¿Quieres conocer la voluntad de Dios para tu vida? Renueva tu mente con la Palabra de Dios y descubrirás los planes del Señor para tu vida. Nuestra mente es como un lienzo; la Palabra de Dios como la pintura, y el Espíritu Santo como el pincel. Dios desea pintar su voluntad, y necesita mucha pintura para hacer un buen cuadro.

Hay cuatro cosas que debemos hacer para crecer espiritualmente. Necesitamos adorar a Dios diariamente (Juan 4:23-24). Necesitamos orar y leer la Biblia, y adorar con otros cristianos en forma regular (Hebreos 10:24-25). Busca una iglesia local y desarrolla relaciones allí. Y finalmente, necesitamos decir el evangelio a otros, que también necesitan oírlo (Mateo 28:19-20). Haz esto y cambios ocurrirán en tu estilo de vida. ¡Experimentarás la vida abundante que Jesús vino a darnos!

Reflexión
Enumera las cosas que debemos hacer para experimentar la vida abundante en Cristo.

Día 7
¡Has sido aceptado!
En el libro de Efesios 1:6 dice que hemos sido «aceptados en el amado» (la familia de Dios). ¡Cuando nacimos de nuevo, nos hicimos parte de la familia de Dios! ¡El Creador del universo quiso que tú y yo seamos parte de su familia! 1Juan 3:1 dice *¡Fíjense qué gran amor nos ha dado el Padre, que se nos llame hijos de Dios! ¡Y lo somos! El mundo no nos conoce, precisamente porque no lo conoció a él.*

Piensa en esto. Al recibir a Jesucristo por fe, te conviertes en hijo de Dios y en justo. No importa lo que hayas hecho hoy o ayer; eres recto ante Dios. Cree esta verdad de la Palabra de Dios y ora así: «Señor, ahora sé que soy justo por la fe en Jesucristo; fe que me has dado tú. ¡Te agradezco, Dios, soy justo, no por mis obras sino por la fe en Jesucristo.»

Todos tenemos la necesidad de ser aceptados. Muchas veces me he sentido mal comprendido, dejado de lado y rechazado. En mi primer año de escuela, yo era uno de esos niños que son los últimos en ser escogidos para jugar béisbol, y eso me dolía mucho.

¿Y tú? ¿También recuerdas tus tiempos de soledad? Te tengo buenas noticias. ¡No estamos solos! Puedes estar seguros que Dios te ama. Cuando supe que Jesús me aceptaba tal como soy, una nueva y fresca seguridad vino a mi vida. ¡Y ahora puedo aceptar a otros, porque Dios me ha aceptado!

Dios tiene grandes planes para ti. Su deseo es que tú reines en vida por medio de Jesucristo. *Pues si por la transgresión de un solo hombre reinó la muerte, con mayor razón los que reciben en abundancia la gracia y el don de la justicia reinarán en vida por medio de un solo hombre, Jesucristo* (Romanos 5:17b).

No permitas que el enemigo te saque del enfoque de Jesús y su justicia. Rehúsa a ser controlado por tus sentimientos o circunstancias. ¡Levántate en fe, y empieza a reinar en vida por medio de Jesucristo y su justicia! ¡No tienes que esperar; empieza hoy mismo!

Reflexión
¿Puedes llamarle a Dios «padre»? ¿Estás reinando en vida por medio de Jesucristo?

Fundamentos Bíblicos 3

Bautismos del Nuevo Testamento

CAPÍTULO 1

Bautismo en agua

Versículo clave para memorizar

Por tanto, mediante el bautismo fuimos sepultados con Él en su muerte, a fin de que, así como Cristo resucitó por el poder del Padre, también nosotros llevemos una vida nueva.

Romanos 6:4

Día 1
Un principio elemental: La doctrina de los diferentes bautismos

Ser bautizado es uno de los primeros pasos que todo nuevo cristiano debe dar. El bautismo es parte esencial del fundamento espiritual de una nueva vida en Cristo. Cuando hablamos del bautismo, normalmente pensamos en el bautismo en agua y sus diferentes formas: aspersión, vertimiento, inmersión. Pero realmente hay más clases de bautismos mencionados en la palabra de Dios. Leamos Hebreos 6.

Adicionalmente a los principios fundamentales que aprendimos en *Fundamento Bíblico 2, Arrepentimiento de obras muertas y fe en Dios,* en Hebreos 6 se menciona otro principio fundamental: La doctrina de Bautismos. *Por tanto, dejando ya los rudimentos de la doctrina de Cristo, vamos adelante a la perfección, no echando otra vez el fundamento de... la doctrina de bautismos* (Hebreos 6:1-2; RV95*).*

Este fundamento espiritual se menciona en plural -bautismos- y nos indica que la fe cristiana incluye más de una sola clase de bautismo. Al leer a través del Nuevo Testamento, descubrimos que hay cuatro distintos tipos de bautismo: el bautismo en agua, el bautismo en el cuerpo de Cristo, el bautismo en fuego, y el bautismo en el Espíritu Santo. En este libro daremos un vistazo acerca de los cuatro, comenzando por el bautismo en agua.

Reflexión
Nombre los cuatro tipos de bautismos mencionados en la Biblia. Medita cuántos de estos cuatro ya has experimentado.

Día 2
El bautismo en agua es una demostración de obediencia

El bautismo en agua, a veces llamado el *bautismo del creyente,* tiene el propósito de identificarnos con Jesús. En el Nuevo Testamento, cuando alguien creía en Jesús para salvación, era bautizada en agua. El bautismo es una señal de limpieza y perdón de pecados, un acto de fe y obediencia. Jesús, personalmente nos presenta el bautismo en agua al dejarse bautizar por Juan el Bautista.

Juan estuvo predicando acerca del bautismo de arrepentimiento para perdón de pecados (Marcos 1:4). Cuando la gente se arrepentía de sus pecados, se bautizaban como evidencia externa de su arrepentimiento. Por ser una señal externa, ésta no salva mágicamente. El poder del bautismo está en el poder de Dios, no en el agua ni en el acto mismo.

Te preguntarás «¿por qué se bautizó Jesús?» Jesús no tenía pecado (1 Pedro 2:21-22), y no necesitaba mostrar evidencia alguna de confesión y arrepentimiento de pecado. Juan le preguntó lo mismo cuando vino a Él para ser bautizado. Jesús le respondió: «pues nos conviene cumplir con lo que es justo» (Mateo 3:15).

Jesús estaba estableciendo un ejemplo para los creyentes, no como evidencia de confesión y arrepentimiento, sino «para cumplir (completar) toda justicia». El bautismo cristiano es un acto externo de obediencia por el cual el creyente cumple la justicia interna recibida a través de la muerte y resurrección de Cristo.

Jesús dijo que dondequiera que se predique el evangelio, la gente sería salva por creer. El bautismo viene de forma natural. *El que crea y sea bautizado será salvo...*(Marcos 16:16).

La natural secuencia y modelo de creer primero y luego ser bautizado se ve en todo el Nuevo Testamento. A veces la gente dice: «Fui bautizado cuando era infante, ¿el bautismo de infantes está en la Biblia?» El bautismo de infantes no se menciona en la Biblia. La evidencia de bautismos en el Nuevo Testamento es de adultos, antes incrédulos. Estos creyentes fueron bautizados luego de creer y poner su fe en Jesús. Los infantes son incapaces de ejercer fe, y el bautismo es una señal externa de fe, razón por la cual un infante no es candidato para el bautismo. Aunque no necesariamente hay algo incorrecto en bautizar a un bebé como una forma de dedicatoria al Señor, de acuerdo a la Escritura, ellos deben ser bautizados después de creer como una señal externa de su fe.

La pregunta clave es ¿fuiste bautizado cuando creíste? La Biblia nos enseña a ser bautizados en agua después de creer en Jesús. Esta es una señal de nuestra fe.

Reflexión
Si has sido bautizado en agua, relata tu experiencia.

Día 3
El bautismo en agua es un anuncio público

Como señal de nuestra fe en Jesús, el bautismo en agua hace profundas declaraciones. Las veremos en las siguientes cuatro secciones. En primer lugar, la Biblia nos dice que el bautismo en agua es un anuncio público de nuestra decisión de dar la espalda al pecado y vivir para Jesucristo. *Todos eran bautizados como anuncio público de su decisión de volverse de sus pecados* (Marcos 1:4,The Living Bible).

El bautismo es un anuncio público de haber tomado un claro partido por Jesucristo. En la iglesia primitiva se daba por hecho, cuando alguien entregaba su vida a Jesucristo, su primer paso de obediencia era el bautismo en agua. *Arrepiéntanse y bautícese cada uno de ustedes en el nombre de Jesucristo para perdón de sus pecados* (Hechos 2:38).

Cuando fui un joven obrero, había ocasiones en que docenas de jóvenes entregaban sus vidas a Jesús durante la semana. Y siempre los bautizábamos el mismo día que nacían de nuevo. Algunos eran bautizados en piscinas, otros en ríos y lagunas, y otros en bañeras. ¡Fueron tiempos espirituales muy significativos! Los bautismos se pueden realizar en distintos lugares, grandes y pequeños. Algunos pueden planearse anticipadamente y ser presenciado por familiares y amigos, y hacerles partícipes de esta gran celebración.

No interesa el método y lugar, el bautismo es una declaración pública, una señal física y externa de salvación. Este acto de fe es una decisión que fortalece al cristiano a cumplir apasionadamente la gran comisión, haciendo y bautizando discípulos. *Por tanto, vayan y hagan discípulos de todas las naciones, bautizándolos en el nombre del Padre y del Hijo y del Espíritu Santo enseñándoles a obedecer todo lo que les he mandado a ustedes. Y les aseguro que estaré con ustedes siempre, hasta el fin del mundo* (Mateo 28:19-20).

Reflexión
Si ya has sido bautizado en agua ¿qué significado tiene esto para ti, para Jesús y para tus amigos?

Día 4
El bautismo en agua demuestra morir al pecado y vivir para Cristo

Una segunda razón por la cual el bautismo en agua es tan importante, es que muestra que hemos muerto al pecado y que vivimos para Cristo. *Por tanto, mediante el bautismo fuimos sepultados con él en su muerte, a fin de que, así como Cristo resucitó por el poder del Padre, también nosotros llevemos una vida nueva* (Romanos 6:4).

El bautismo en agua es una señal de haber sido sepultados al pecado y resucitados a una nueva vida. Jesús fue sepultado y resucitado hace más de 2000 años. Nosotros fuimos sepultados con Él, en un sentido espiritual, por el bautismo. Debemos morir a nosotros mismos antes de poder tener una nueva vida. Cuando venimos a la cruz, morimos a nuestra vieja forma de vivir y recibimos la vida resucitada prometida por Dios mismo.

Cuando vas a un funeral y ves el cadáver, sabes que él no puede responder a nada. Ya no puede ser herido ni emocional ni físicamente; ya no puede sentir más dolor. ¡Está muerto! Cuando somos sepultados en Cristo, nuestra vieja naturaleza ya no puede más hacer sus propias cosas; está muerta. Por lo tanto, hablando espiritualmente, nuestra vieja vida está muerta.

Un ejemplo: Joel, un antiguo gángster de la mafia, entregó su vida a Jesús, y cambió radicalmente. Pocas semanas después de dar su vida al Señor, otro de los capos de la mafia lo llamó por teléfono y dijo: «Hola, ¿se encuentra Joel?» Joel respondió «no, Joel murió» y colgó el teléfono. La verdad es que Joel *había* muerto. Ahora es un nuevo y reluciente Joel viviendo una vida nueva. El viejo Joel ha muerto, y ahora es un nuevo Joel con Jesús viviendo dentro. El bautismo en agua es una señal de haber muerto a nosotros mismos, y de estar viviendo ahora una nueva vida con el poder de la gloria de Dios.

A veces la gente pregunta sobre cómo debemos ser bautizados. La palabra griega para bautismo es *baptiso,* que significa inmersión. Nosotros alentamos a la gente a sumergirse en las aguas. El entrar a las aguas del bautismo es un símbolo de muerte y entierro, y salir de las aguas de resurrección.

Ya has sido crucificado con Cristo. Tu viejo «hombre» (naturaleza maligna) está muerto. A través del bautismo en agua, morimos al pecado y vivimos para Cristo.

Reflexión
¿Cuál es el significado espiritual de entrar y salir de las aguas?
¿Puedes verdaderamente decir que tu «viejo yo» está muerto?

Día 5
El bautismo en agua ilustra la circuncisión del Nuevo Testamento

Esto nos lleva a la tercera declaración que hace el bautismo en agua. El bautismo en agua es un tipo de la circuncisión del Nuevo Testamento. En la circuncisión del Antiguo Testamento, a los niños de ocho días de nacido les cortaban el prepucio como señal del pacto de Dios con su pueblo. Esta era una señal de fe, como lo es en el Nuevo Testamento. Colosenses 2:11-12 dice que al entrar a las aguas del bautismo, así como la circuncisión, muestran que nuestra vieja naturaleza pecaminosa fue cortada sobrenaturalmente. *Además, en él fueron circuncidados, no por mano humana sino con la circuncisión que consiste en despojarse del cuerpo pecaminoso. Esta circuncisión la efectuó Cristo. Ustedes la recibieron al ser sepultados con él en el bautismo. En él también fueron resucitados mediante la fe en el poder de Dios, quien lo resucitó de entre los muertos.* El poder de la naturaleza pecaminosa que está dentro de nosotros —la vieja naturaleza que dice: «yo haré lo que se me antoje»— es simbólicamente cortada cuando nos bautizamos en agua. Esta es la circuncisión del Nuevo Testamento.

Una vez leí acerca de un hombre que tenía un arrendador muy malo, que siempre le daba problemas. Pero un día el arrendador traspasó su propiedad a otro, alguien realmente maravilloso. Un tiempo después, el primer arrendador volvió e intentó cobrar a su ex-inquilino la renta. El inquilino le dijo: «¿Qué te pasa? Tú ya no eres dueño de este edificico. Anda y habla con mi nuevo arrendador». Cuando tu antiguo arrendador, el diablo, viene y trata de decirte que todavía estás bajo la esclavitud de tus viejos hábitos: mentira, critica, lujuria, rencor, ira o cualquier otra cosa, tú puedes decirle que ahora tienes un nuevo arrendador. Su nombre es Jesús. Dile al diablo «Anda, habla con Jesús».

Cuando nos bautizamos en agua, estamos declarando que nuestra antigua esclavitud ha sido rota. Esta es una obra sobrenatural de Dios. Moisés y los hijos de Israel estuvieron esclavizados por los egipcios, pero cuando cruzaron el Mar Rojo, el pueblo de Dios fue bautizado y liberado al pasar por las aguas. *No quiero que desconozcan, hermanos, que nuestros antepasados estuvieron todos bajo la nube y que todos atravesaron el mar. Todos ellos fueron bautizados en la nube y en el mar para unirse a Moisés* (1 Corintios 10:1-2).

Confiamos en Dios a través de la fe en Jesucristo, para ser libres de la esclavitud de nuestro pasado, nos bautizamos. No siempre nos sentiremos libres de esclavitud; es que esto es por fe. Vivimos por confiar en la Palabra, no por nuestras emociones. Recuerdo que una vez volaba hacia mi ciudad, Lancaster, Pennsylvania, pero sentía que estábamos yendo por el camino equivocado. No obstante, llegamos al aeropuerto correcto. Los pilotos vuelan guiados por sus equipos de navegación. No debemos vivir guiados por los caprichos de nuestras emociones, sino de acuerdo al instrumento de navegación divino, la Biblia, la cual nos muestra la voluntad de Dios.

Romanos 6:14 dice: *así el pecado no tendrá dominio sobre ustedes, porque ya no están bajo la ley sino bajo la gracia.* En lugar de ver esta escritura como ley, debiéramos verla como promesa. Dios dice que el pecado no tiene más poder sobre mí por cuanto he sido enterrado con Cristo a través del bautismo. Mi viejo yo está muerto. ¡Soy una nueva y reluciente persona!

Nuestra vieja y mala naturaleza se ha vuelto inoperante. Experimentamos la circuncisión del Nuevo Testamento a través de las aguas del bautismo. Romanos 6:6 declara: *Así el pecado no tendrá dominio sobre ustedes, porque ya no están bajo la ley sino bajo la gracia.*

¡Lo antiguo ha sido cortado! Tenemos una nueva vida: Cristo habita en nosotros.

Reflexión
Pasar por las aguas simboliza libertad de un pasado atado a _____. (Llena el espacio en blanco). ¿Por qué es importante no confiar en nuestros sentimientos?

Día 6
El bautismo en agua demuestra nuestra obediencia

Una cuarta declaración del bautismo en agua es demostrar nuestra obediencia hacía Dios. La Palabra de Dios nos instruye para ser bautizados en agua. Se nos exhorta a «creer y ser bautizados» (Marcos 16:16). El bautismo en agua simboliza limpieza espiritual, de acuerdo a 1 Pedro 3:21, *la cual simboliza el bautismo que ahora los salva también a ustedes. El bautismo no consiste en la limpieza del cuerpo, sino en el compromiso de tener una buena conciencia delante de Dios. Esta salvación es posible por la resurrección de Jesucristo.*

Lo que nos salva es la limpieza de corazón, no una ceremonia externa. El lavar con agua saca la suciedad. Pero el ser bautizado demuestra que vivimos con una conciencia limpia. Tenemos una inamovible confianza en Jesucristo, y obedecerle en todo lo que nos ordena trae libertad a nuestras vidas.

A veces la gente pregunta *«Si alguien entrega su corazón a Jesús y muere dos minutos después, sin haber tenido tiempo para ser bautizado, ¿dónde pasará la eternidad?»* Recuerda, el bautismo no salva. La sangre de Jesucristo es lo que nos salva. El bautismo es un simple acto de obediencia. Después de profesar su fe, el ladrón crucificado no podía ser bautizado en agua, pero Jesús le dijo: ... *—Te aseguro que hoy estarás conmigo en el paraíso —le contesto Jesús.* (Lucas 23: 40-43).

De acuerdo a los ejemplos dados en las Escrituras, en cuanto tengamos la oportunidad, debemos bautizarnos no mucho después de convertirnos. Cuando Pablo estuvo en la cárcel de Filipos, el carcelero entregó su corazón a Jesús y esa misma noche fue bautizado, él y toda su familia (Hechos 16:33). Felipe, después de explicarle las buenas nuevas al oficial etíope, tan pronto como encontró aguas, lo bautizó (Hechos 8:38). Crispo y su familia y muchos otros corintios (Hechos 18:8), creyeron e inmediatamente fueron bautizados.

Todo nuevo creyente, incluso adolescentes que tenga fe para ser bautizados, deben ser desafiado a pasar por las aguas del bautismo... *conforme a su fe sea hecho* (Mateo 9:29). En el caso de niños, no se les debe apresurar, sino esperar que lo deseen y estén listos.

Reflexión
¿Qué nos hace tener una conciencia limpia delante de Dios?

Día 7
¡Sé bautizado en agua!

Si aún no has sido bautizado en agua ¿qué estás esperando? ¡Hazlo hoy mismo! Dijimos que cuando Jesús estaba en la cruz entre dos ladrones, uno de ellos fue salvo pero no tuvo oportunidad de bajar de su cruz y bautizarse. ¡Pero tú y yo sí la tenemos! El bautismo no salva, pero hay que obedecer la Palabra de Dios; aprovechemos la oportunidad de demostrar que hemos muerto al pecado y que vivimos para Cristo. ¡No dudes en dar este paso! Las dudas pueden ensombrecer tu fe y traer sombra de condenación a tu vida. Romanos 14:23 dice que *todo lo que no se hace por fe es pecado.*

Es importante vivir y caminar por fe. Si tienes cierta inseguridad, bautízate y el enemigo no podrá sembrar más duda en tu mente. Habla con tu pastor o líder y marquen la fecha de tu bautismo en agua.

El bautismo en agua es un acto físico y te recuerda tu fe y libertad en Cristo Jesús. Recuerda esto cuando el diablo trata de mentirte y poner dudas en tu corazón. Podrás decirle con seguridad *«yo fui bautizado en agua y sé que soy libre. Mi viejo hombre y la antigua naturaleza de pecado, han sido cortados y no tienen poder. Jesucristo vive en mi vida.»*

Resumiendo: el bautismo en agua es una señal de limpieza interna del corazón. Es declarar públicamente que he dejado el pecado para servir a Jesucristo como Señor. Muestra que he muerto al pecado y ahora vivo para Cristo. Es un tipo de la circuncisión del Nuevo Testamento donde el poder de mi vieja naturaleza es cortada. Y lo más importante: El Señor me manda ser bautizado y yo quiero obedecerle.

Reflexión
Si tienes dudas acerca de tu conversión y bautismo ¿qué puedes hacer al respecto?

CAPÍTULO 2

Diferentes tipos de bautismos

> **Versículo clave para memorizar**
>
> ...Pero está por llegar uno más poderoso que yo... Él los bautizará con el Espíritu Santo y con fuego.
>
> Lucas 3:16

Día 1
El bautismo en el cuerpo de Cristo

El Bautismo en el cuerpo *de Cristo* es otro de los bautismos mencionados en el Nuevo Testamento. Aprendimos que la palabra *bautismo* literalmente significa *«poner dentro de.»* Cuando nos bautizan en agua, alguien nos pone dentro del agua. En el bautismo en el cuerpo de Cristo, el Espíritu Santo nos pone en el «cuerpo» o «familia de Dios.» *Todos fuimos bautizados por un solo Espíritu para constituir un solo cuerpo —ya seamos judíos o gentiles, esclavos o libres— y a todos se nos dio a beber de un mismo Espíritu* (1 Corintios 12:13).

Por un mismo Espíritu estamos unidos como miembros del cuerpo de Cristo. Dios nos pone en el camino a otras personas en el cuerpo de Cristo para apoyarnos y alentarnos. Al aprender los unos de los otros y conocer mejor a Jesús, el Espíritu Santo nos hace completos. Jesús es la cabeza del Cuerpo y cada creyente desarrolla una parte de su cuerpo espiritual en la tierra. Estamos aquí en la tierra para ser las manos de Cristo, sus pies, su lengua y otras partes de su cuerpo con diferentes funciones, habilidades y llamados.

Cuando un joven se casa, recién deja su familia y es colocado en una nueva familia; y con su esposa comienzan una nueva unidad. De la misma manera, un nuevo creyente es colocado sobrenaturalmente en la familia de Dios para comenzar su nueva vida. Ser bautizados en el cuerpo de Cristo es una obra sobrenatural de Dios, y ocurre en el momento que recibimos a Jesús como Señor. Y así, pertenecemos a Cristo, somos sus miembros y nos pertenecemos el uno al otro.

Reflexión
¿Quién te bautizó en el cuerpo de Cristo?

Día 2
La maravillosa familia de Dios

Cuando alguien nace de nuevo en la familia de Dios, se convierte en hermano o hermana de cada creyente en el mundo entero. Ser parte de la gran familia de Dios es una maravillosa bendición. Si te encuentras con un hermano o hermana de otra nación, te parecerá que ya se conocen. ¡Es que son parte de la misma familia!

Hace muchos años visité la iglesia más grande del mundo, en Seúl, Corea. Fue una hermosa experiencia conocer docenas de creyentes coreanos que, aunque no hablábamos el mismo idioma, podíamos sentir que pertenecemos a la misma familia espiritual.

El apóstol Juan vio el trono en el cielo (Apocalipsis 5:9) y «seres vivientes y ancianos» (la iglesia en todas las naciones y entre toda clase de personas), dando honor a Jesús. *Y entonaban este nuevo cántico: Digno eres de recibir el rollo escrito y de romper sus sellos, porque fuiste sacrificado, y con tu sangre compraste para Dios gente de toda raza, lengua, pueblo y nación.*

Esta familia maravillosa de Dios está formada por personas de cada nacionalidad, raza y cultura. ¡Todos somos hermanos y hermanas mediante la fe en nuestro Señor Jesucristo!

La familia de Dios es asombrosa. Cada uno fue renacido por el Espíritu de Dios. Somos hijos e hijas del Rey del universo, según 2 Corintios 6:18, *Seré para ustedes un Padre, y ustedes serán mis hijos y mis hijas, dice el Señor Todopoderoso.*

Reflexión
Piensa en tu experiencia con creyentes de diferentes culturas. ¿Qué tenían en común?

Día 3
El bautismo en fuego

Otra de las clases de bautismo mencionado en el Nuevo Testamento es el *bautismo en fuego*. Juan el Bautista lo mencionó en Lucas 3:16 *Yo los bautizo a ustedes con agua —les respondió Juan a todos—. Pero está por llegar uno más poderoso que yo, a quien ni siquiera merezco desatarle la correa de sus sandalias. Él los bautizará con el Espíritu Santo y con fuego.*

Hemos aprendido que el bautismo en agua significa arrepentimiento. Y ahora vemos la venida del Espíritu Santo como prueba de la presencia de Dios. El fuego es símbolo bíblico de purificación y poder. Juan el Bautista dijo que Jesús nos bautizaría con el Espíritu Santo y fuego.

Hablemos primero del bautismo en fuego, específicamente de la manera cómo nos purifica. Las pruebas y tiempos difíciles que atravesamos son un tipo del bautismo en fuego. Después que Juan dijo que Jesús nos bautizaría con el Espíritu Santo y fuego, dio la siguiente explicación: *Tiene el rastrillo en la mano para limpiar su era y recoger el trigo en su granero; la paja, en cambio, la quemará con fuego que nunca se apagará* (Lucas 3:17).

La pala de trillar se usaba para tirar el grano al aire, y permitir a la paja volar y separarse y los granos limpios caer al piso de la era. El Señor nos dice que «limpiará su era, guardará el trigo en el granero y quemará la paja.» En otras palabras, nuestro Dios se compromete a limpiar nuestras vidas de todas aquellas cosas dañinas (paja) que aún están colgadas en nosotros. Pueden ser hábitos de nuestro pasado o viejas formas de pensar contrarias a la Palabra de Dios.

¡Todo proceso de limpieza no es fácil! Muchas veces los nuevos cristianos se asustan cuando tienen que enfrentar pruebas en sus vidas. Quizá pensaron que la vida cristiana sería una vida fácil.

Yo crecí en una granja, y ello me ayudó a entender qué importante es separar la paja del trigo y tener un producto limpio. Cada tiempo de cosecha, hacíamos pasar una gran máquina vibradora que sacudía literalmente las espigas hasta tener un producto limpio. Dios está buscando buenos frutos (trigo) en nuestra vida. A veces tiene que permitir que las circunstancias nos «sacudan» hasta que la «paja» de nuestras vidas pueda volar y separarse.

En la granja también aprendí otra lección similar mientras soldábamos. Recuerdo que tomaba la flama y calentaba el metal hasta ponerse al rojo vivo. Una vez bien caliente, las impurezas salían a la superficie. La llamábamos «residuo.» Cuando éste afloraba, lo raspábamos, o no podríamos soldarlo apropiadamente a otras piezas de metal. Nuevamente, esta es una figura de la separación de lo malo y lo bueno para encontrar pureza.

Hay tiempos cuando necesitamos que el residuo sea raspado de nuestras vidas mediante un bautismo en fuego. Cuando atravesamos pruebas feroces y tiempos difíciles, las impurezas «afloran» en nuestras vidas. Las actitudes equivocadas, aquellas cosas que nos irrita (espíritu de crítica, falta de amor, falta de gozo, falta de paciencia, temor a todo) «salen a la superficie.» Cuando este «residuo espiritual» se evidencia en nuestras vidas, podemos recibir del Señor la habilidad de arrepentirnos y deshacernos de impurezas.

Reflexión
¿Cuáles son las «pajas» que Dios está quitando en tu vida?

Día 4
Beber la copa

Jacobo y Juan, dos de los discípulos, tenían cierta «paja» o «residuo» en sus vidas y necesitaban erradicarlo si querían volverse más fuertes. Sinceramente amaban a Jesús y querían estar cerca de Él, pero más se enfocaban en los beneficios que recibirían. Con esto en mente, pidieron a su mamá que interceda por ellos ante Jesús, y le pida que en su reino el uno se siente a su derecha y el otro a su izquierda. Jesús respondió con una pregunta difícil. Les dijo: *¿Pueden acaso beber el trago amargo de la copa que yo voy a beber? Ellos respondieron —sí podemos. —Ciertamente beberán de mi copa —les dijo Jesús—; pero el sentarse a mi derecha o a mi izquierda no me corresponde concederlo. Eso ya lo ha decidido mi Padre.* (Mateo 20:22-23).

¿Estaban dispuestos a ser bautizados con el bautismo que Jesús sería bautizado (la cruz)? ¿Estaban dispuestos a sufrir por causa del reino? ¿Estaban dispuestos a enfrentar sus impurezas y permitir que Jesús los transforme? Ellos, creyendo que estaban listos, dijeron «podemos hacerlo.» Sin embargo, pocos días después, abandonaron a su maestro mientras lo arrestaban. ¡Los beneficios de seguir a Jesús ya no eran tan deseables, porque involucraba sufrir por el maestro!

Por supuesto, más tarde los discípulos se arrepintieron de su traición y abandono, y experimentaron amor y perdón en sus vidas.

El Señor conoce y entiende nuestras debilidades. Cuando confrontamos nuestra impureza, nos alcanza con su amor y perdón. Su poder nos fortalece para que ser victoriosos la próxima vez que enfrentemos dificultades en la vida.

Reflexión
¿Logras ver cómo el Señor está moldeándote, a través del bautismo en fuego, para ser la persona que necesitas ser y cumplir una tarea específica?

Día 5
El gran gozo

Cuando atraviesas tiempos difíciles, y te preguntas ¿por qué? Nunca es fácil cuando Dios nos permite que pasemos por fuego. Hasta podríamos sentir que ya no damos más. Pero lo que Dios realmente quiere es que nos mantengamos confiados en Él. Por esta razón en Santiago 1:2-5 se nos dice, *Hermanos míos, considérense muy dichosos cuando tengan que enfrentarse con diversas pruebas, pues ya saben que la prueba de su fe produce constancia. Y la constancia debe llevar a feliz término la obra, para que sean perfectos e íntegros, sin que les falte nada. Si a alguno de ustedes le falta sabiduría, pídasela a Dios, y él se la dará, pues Dios da a todos generosamente sin menospreciar a nadie.*

Cuando comprendemos que las pruebas de la vida son usadas por el Señor para formar su carácter en nosotros, nuestra perspectiva cambia totalmente. ¡Podemos gozarnos, ya que el Señor los usará para nuestro bien! ¡Y su promesa es darnos sabiduría en medio de las pruebas, si le pedimos! Podemos confiar en Él a pesar del dolor.

Durante mi secundaria tomé un curso para aprender cómo hacer herramientas de metal. Para fortalecer las herramientas, nos enseñaron a tomar la pieza de metal al rojo vivo e introducirlo y sacarlo del agua, y así templarlo. Después de este proceso, la herramienta tenía la dureza apropiada para su utilidad.

Nuestro Señor nos permite pasar a través del bautismo de fuego para hacernos útiles en su servicio. Una actitud de orgullo nos hará fracasar bajo presión. Cuando atravesamos pruebas duras en la vida, aprendemos a confiar en el Señor y en su palabra, y su carácter es edificado en nuestras vidas. Sin ello, nos quebraremos bajo presión cuando el Señor empiece a usarnos.

Reflexión

¿En qué manera eres diferente después de atravesar pruebas y tribulaciones?

Día 6
Perseverar en las pruebas

¡El Señor quiere usarnos, aún cuando pasamos tiempos difíciles! Por ejemplo, ¿alguna vez tuviste un hermano o hermana «lija» en tu vida; alguien siempre irritándote? Quizá el Señor permitió esta persona en tu vida por alguna razón. Tal vez quiso ver si responderías en la manera como Cristo lo hizo; y buscaste al Señor en oración y te fortaleció para amar incondicionalmente. Seguro no te fue fácil, y la vida no te pareció placentera por un tiempo; pero pasaste este bautismo de fuego con un nuevo amor y conocimiento de la gracia y misericordia de Dios. ¡Hoy en día, tienes una excelente relación con este antiguo «hermano lija»! Confiar en Él y perseverar te han fortalecido y limpiado de algunas malas actitudes en tu vida.

¿Alguna vez te machucaste el dedo provocando un doloroso coágulo de sangre bajo la uña? Probablemente tuviste que ir al doctor, entonces él, usando una aguja esterilizada, perforó un pequeño agujero en tu uña y liberó la presión. El Señor quiere usarnos para liberar la presión espiritual en la vida de otras personas. Pero sólo puede usarnos efectivamente si nuestras actitudes son puras y confiamos en Él.

Cuando perseveramos en las pruebas, la Palabra de Dios nos purifica, y podemos ser la novia pura de Cristo. La Biblia llama a la iglesia «la novia de Cristo.» ¿Alguna vez has visto una novia sucia? Yo nunca. El Señor está limpiándonos. El libro de Efesios 5:25-27 dice: e*sposos, amen a sus esposas, así como Cristo amó a la iglesia y se entregó por ella para hacerla santa. Él la purificó, lavándola con agua mediante la palabra, para presentársela a sí mismo como una iglesia radiante, sin mancha ni arruga ni ninguna otra imperfección, sino santa e intachable.*

El Señor usa su Palabra para lavarnos. Pero si nunca nos vemos en el espejo, no nos daremos cuenta de la suciedad. La Palabra de Dios es nuestro espejo y nuestro jabón. Cuando era niño, odiaba bañarme. ¡Pero mis padres estaban atentos de que me bañara regularmente, me gustara o no! Y ahora estoy contento de lo que hicieron. Tú también puedes mirar tu «antes y después» y apreciar tu «baño espiritual.»

No tengas temor del bautismo en fuego. Jesús te dará fortaleza para perseverar. Las pruebas pueden fortalecerte si respondes a ellas de manera apropiada.

Reflexión
¿Has visto crecimiento espiritual en tu vida después de atravesar una prueba? ¿Cómo te ha ayudado la Palabra de Dios?

Día 7
En fuego por Jesús

Hemos dicho que el fuego es un símbolo de purificación y poder, y hemos visto cómo podemos ser purificados a través de «duras» pruebas. El otro lado del bautismo en fuego es el aspecto del *poder.* Debemos vivir de tal manera que estemos «en fuego por Jesucristo.» Debemos ser apasionados y sinceros en nuestro amor por Dios, de acuerdo a Apocalipsis 3:19, *Yo reprendo y disciplino a todos los que amo. Por lo tanto, sé fervoroso y arrepiéntete.*

Si no nos apasiona las cosas de Dios, debemos arrepentirnos de nuestra apatía e indiferencia. Hemos sido creados para experimentar su «fuego» ardiendo dentro de nosotros; bautizados con fuego. Los primeros discípulos «ardían» con un gran celo por Dios. Pide al Señor que te bautice con su fuego y su celo. Dios está buscando gente celosa. Números 25:11-13 nos habla de un hombre celoso. El Señor honró a Finnes porque él fue celoso por Dios. ¿Estás celoso por tu Dios? ¿Estás experimentando este tipo de *bautismo en fuego?*

Los que han sido bautizados con fuego son gente de oración que tienen un odio santo por el pecado y un amor santo por el Señor, y tienen gran compasión por los perdidos y por la iglesia de Jesucristo. El Salmista, en el Salmo 69:9, revela un justo celo por la casa y el reino de Dios. El que ha sido bautizado en fuego, tiene los deseos de su cuerpo y alma encerrados en los deseos de Dios; está absorbido en lo que Dios quiere que sea y haga; tiene celo por ver la casa de Dios (su iglesia) convirtiéndose en aquello para la cual fue creada, en su generación. «¡Señor, bautízanos en tu fuego!»

Reflexión
¿Estás entusiasmado con lo que Dios está haciendo en tu vida? ¿Estás lleno de celo por Jesús?

CAPÍTULO 3

El Bautismo en el Espíritu Santo Parte 1

Versículo clave para memorizar

Pero cuando venga el Espíritu Santo sobre ustedes, recibirán poder...

Hechos 1:8

Día 1
La promesa del Espíritu Santo

A lo largo de este libro hemos visto tres bautismos: el bautismo en agua, el bautismo en el Cuerpo y el bautismo en fuego. En este y en el siguiente capítulo veremos *el bautismo en el Espíritu Santo.* Es importante darnos cuenta cómo el Espíritu Santo desea usarnos y fluir en nuestras vidas. El bautismo en el Espíritu Santo es hoy uno de los temas más controversiales en la iglesia cristiana, por lo tanto, lo abordaremos cuidadosamente a fin de entenderla mejor.

Veamos nuevamente Lucas 3:16, *Pero Juan les respondió: Yo los bautizo a ustedes con agua. Pero hay alguien que viene después de mí, y que es más poderoso que yo. Él los bautizará con el Espíritu Santo y con fuego. ¡Yo ni siquiera merezco ser su esclavo!*

Mencionamos este versiculo anteriormente para cubrir la parte del *bautismo en fuego.* Ahora nos toca ver lo que Juan el Bautista quiso decir cuando declaró que Jesús bautizaría *con el Espíritu Santo.*

Todo creyente genuino tiene el Espíritu de Dios viviendo en Él. 1 Corintios 3:16 dice: *¿No saben que ustedes son templo de Dios y que el Espíritu de Dios habita en ustedes?*

El Espíritu Santo vive en cada hijo de Dios. El Espíritu Santo es una persona, no una doctrina o simplemente una fuerza o influencia. Esto es muy importante. El Espíritu Santo es Dios y tiene las características personales de Dios. Dios es Padre, Hijo y Espíritu Santo; llamado a menudo la Trinidad (ver Fundamentos Bíblicos 7, capítulo 1, día 2). El Espíritu Santo es la tercera persona de la Trinidad.

La persona divina del Espíritu Santo vino a vivir dentro tuyo cuando le entregaste tu vida a Jesús y lo recibiste en tu vida. Él cuida de ti y tiene poder para ayudarte. Empero, esto no significa que has sido *bautizado* en el Espíritu Santo.

Reflexión
¿Quién es el Espíritu Santo?

Día 2
El Espíritu Santo vive en cada creyente

En el momento de nuestra salvación, el Espíritu Santo vino a vivir dentro de nosotros. Él nos guía y motiva a vivir vidas santas y nos libera de la esclavitud del pecado. Romanos 8:9 dice: *sin embargo, ustedes no viven según la naturaleza pecaminosa sino según el Espíritu, si es que el Espíritu de Dios vive en ustedes. Y si alguno no tiene el Espíritu de Cristo, no es de Cristo.*

En el último discurso de Jesús hacia sus discípulos, antes de su pasión y crucifixión, les prometió el Espíritu Santo (Juan 14:7). Subsecuentemente, después de su resurrección, Jesús visitó a los discípulos y sopló sobre ellos diciendo *reciban el Espíritu Santo* (Juan 20:22). En ese momento los discípulos nacieron de nuevo por el Espíritu Santo. Aunque los discípulos ya habían confesado a Jesús como Señor y eran salvos, de acuerdo a la provisión del antiguo pacto, ellos no nacieron de nuevo hasta que Jesús resucitó de los muertos y completó la salvación.

Cuando Dios tomó un montón de barro en el Jardín del Edén y sopló sobre él, Adán fue formado y recibió vida física. Aquí el Señor sopló sobre los discípulos y les dio vida espiritual. Cuando tuviste conciencia del pecado, antes de recibir a Cristo, el Espíritu Santo estaba fuera de ti dándote convicción. Luego cuando recibiste a Jesús, el Espíritu Santo vino a vivir dentro de ti. ¡Pero hay más! El Nuevo Testamento describe *dos* experiencias separadas al recibir el Espíritu Santo: La experiencia de los discípulos cuando recibieron el Espíritu Santo «el domingo de Resurrección» y la experiencia que más tarde recibieron «el domingo de Pentecostés.» Vamos a comparar estas dos experiencias en la siguiente sección.

Reflexión
¿Cómo puedes estar seguro que el Espíritu Santo está viviendo en ti? ¿Cuándo los cristianos reciben el Espíritu Santo?

Día 3
¡Recibirán poder!

Cuando Jesús sopló sobre los discípulos y les dijo «reciban el Espíritu Santo,» dejó claro que esta experiencia aún era incompleta. En sus palabras finales, antes de su ascensión, les ordenó que no salieran a predicar inmediatamente, sino que regresaran a Jerusalén y esperaran hasta ser bautizados con el Espíritu Santo y recibieran poder para ser testigos eficaces. *Una vez, mientras comía con ellos, les ordenó: No se alejen de Jerusalén, sino esperen la promesa del Padre, de la cual les he hablado: Juan bautizó con agua, pero dentro de pocos días ustedes serán bautizados con el Espíritu Santo. Pero cuando venga el Espíritu Santo sobre ustedes, recibirán poder y serán mis testigos tanto en Jerusalén como en toda Judea y Samaria, y hasta los confines de la tierra* (Hechos 1:4-5,8).

Entonces los discípulos regresaron, y se reunían parar orar y esperar. ¡Durante la fiesta del Pentecostés, 120 discípulos estaban reunidos y sucedió lo que tenía que suceder! *Cuando llegó el día de Pentecostés, estaban todos juntos en el mismo lugar. De repente, vino del cielo un ruido como el de una violenta ráfaga de viento y llenó toda la casa donde estaban reunidos. Se les aparecieron entonces unas lenguas como de fuego que se repartieron y se posaron sobre cada uno de ellos. Todos fueron llenos del Espíritu Santo y comenzaron a hablar en diferentes lenguas, según el Espíritu les concedía expresarse* (Hechos 2:1-4).

Unas semanas antes, al Jesús soplar sobre ellos (Juan 20:22) los discípulos recibieron la vida del Espíritu Santo. Después (Hechos 2:1-4) recibieron el poder a través del *bautismo* en el Espíritu Santo, llevándolos a una nueva dimensión.

Esta distinción entre recibir el Espíritu Santo para renacer y recibir el *bautismo en el Espíritu Santo* es significativa. Necesitamos reconocer la diferencia entre tener el Espíritu Santo en nosotros y ser bautizados en el Espíritu Santo. El bautismo en el Espíritu Santo es la provisión de Dios para liberar el poder del Espíritu Santo en la vida del creyente.

Se cuenta la historia de un cristiano que vivió en un pueblo muy pobre de su país, y que tuvo la oportunidad de visitar una gran ciudad. Como nunca antes había usado electricidad, le fascinó ver por primera vez los focos de la luz. Entonces le pidió a la persona que lo hospedaba que le regalara un foco para llevarse a su pueblo. Al llegar a su pueblo, colgó el foco con una cuerda en su choza. Estuvo frustrado porque no funcionaba, hasta que un misionero le explicó que el foco necesita estar conectado a una fuente de poder. Esta es la manera como sucede con nosotros. Para entrar en la plenitud de lo que Dios ha planeado para nuestras vidas, necesitamos conectarnos a la fuente de poder. Necesitamos el poderoso bautismo en el Espíritu Santo. Esta es la puerta a una nueva dimensión de la presencia del Espíritu y su poder en nuestras vidas, para ser fortalecidos y cumplir nuestros ministerios.

Reflexión
¿Ya has experimentado el poder del Espíritu Santo? Describe tu experiencia.

Día 4
Se recibe por fe

Así como la salvación viene por fe, también el bautismo en el Espíritu Santo viene por fe. Recibimos el bautismo en el Espíritu Santo por fe en Jesucristo y la Palabra. La fe siempre es un requisito para recibir el bautismo en el Espíritu Santo. Gálatas 3:14 nos dice explícitamente: *Así sucedió, para que, por medio de Cristo Jesús, la bendición prometida a Abraham llegara a las naciones, y para que por la fe recibiéramos el Espíritu según la promesa.*

La experiencia de cada persona no será la misma. Podemos orar y recibir el bautismo del Espíritu Santo por nosotros mismos o quizá necesitemos que otro ore por nosotros. Para muchos es una experiencia dinámica y emocionante, y empiezan a cantar un cántico nuevo en un idioma desconocido o hablar en otras lenguas. Para otros simplemente reciben al Señor y su Palabra y experimentan la realidad del bautismo en el Espíritu Santo como un proceso durante los días y semanas siguientes.

El tipo de experiencia no es lo más importante; la clave es saber por fe en la Palabra de Dios que hemos sido llenos y bautizados con el Espíritu Santo. Necesitamos *saber* que hemos sido bautizados con el Espíritu de la misma manera como *sabemos* que hemos nacido de nuevo.

Es posible ser bautizados en agua y en el Espíritu Santo al mismo tiempo. Otros son bautizados en el Espíritu Santo antes de ser bautizados en agua. Esto sucedió en Hechos 10:44-46. *Pedro estaba predicando el evangelio a los gentiles en la casa de Cornelio, y de pronto algo grandioso empezó a suceder. Mientras Pedro estaba todavía hablando, el Espíritu Santo descendió sobre todos los que escuchaban el mensaje. Los defensores de la circuncisión que habían llegado con Pedro se quedaron asombrados de que el don del Espíritu Santo se hubiera derramado también sobre los gentiles, pues los oían hablar en lenguas y alabar a Dios.* Las personas reunidas en la casa de Cornelio recibieron la Palabra y fueron salvos. El Señor inmediatamente derramó su Espíritu sobre ellos con poder, muy similar a lo que ocurrió en Pentecostés. El bautismo en el Espíritu Santo trae valentía personal y poder a nuestras vidas para ser más efectivos.

Sea cual fuere tu experiencia personal, el bautismo en el Espíritu Santo se recibe por fe. Un pastor y su esposa me dijeron «No estamos seguros si hemos sido bautizados en el Espíritu Santo.» Yo les aseguré que podrían saberlo con toda seguridad después que ponga mis manos sobre ellos y ore. Esta vez, ellos eligieron «recibir la promesa del Espíritu por fe.» ¡Y fueron gloriosamente bautizados con el Espíritu Santo! Después de ese momento ellos ya estaban seguros. Su sed espiritual los guió a clamar y recibir el bautismo en el Espíritu Santo.

Reflexión
¿Por qué medio recibimos el bautismo en el Espíritu Santo?

Día 5
¿Quieres ser efectivo? Es tu decisión

Quizá alguien pregunta: «¿Realmente tengo que ser bautizado en el Espíritu Santo?»

Mi respuesta sería «realmente necesitas tener todo el poder de Dios para ayudar a otras personas a encontrar a Dios.» La gente alrededor nuestro se está yendo al infierno. ¡Necesitamos el poder de Dios para que Él cumpla su propósito en nosotros y a través nuestro!

A menudo explico el poder del Espíritu Santo de esta manera. Si quieres cortar tu césped, puedes hacerlo con unas tijeras o con una máquina de podar. Es tu decisión. Pero al usar la máquina de podar tu trabajo y tiempo rinde más. Tú no tienes que ser bautizado para ser un cristiano, pero al igual que la máquina de podar, Dios quiere que seamos más efectivos. De hecho, los primeros discípulos de Jesús hicieron del ser llenos con el Espíritu Santo un requerimiento especial si quieres ser separado para responsabilidades especiales en la iglesia. *Hermanos y hermanas, escojan de entre ustedes a siete hombres de buena reputación, llenos del Espíritu y de sabiduría, para encargarles esta responsabilidad (*Hechos 6:3).

El bautismo en el Espíritu Santo incrementará tu efectividad al dar testimonio, debido a una fuerte relación con el Padre, Hijo y Espíritu Santo, proveniente del ser llenos con el Espíritu. El Espíritu

Santo hace que la presencia de Jesús sea algo más real en nosotros, lo que resultará en más amor y obediencia a Él.

Una encuesta realizada en Las Filipinas, hace un tiempo atrás, mostró que cada cristiano bautizado en el Espíritu Santo trajo 36 personas a Cristo, mientras que los no bautizados en el Espíritu Santo sólo trajeron uno. ¿Por qué? Los bautizados en el Espíritu simplemente tienen el poder de Dios en sus vidas para testificar con gran eficacia.

Seguro que conoces cristianos no bautizados en el Espíritu Santo. Yo también. Pero piensa cuán más efectivos podrían ser si fueran bautizados en el Espíritu.

Reflexión
Escribe una experiencia eficaz en su vida gracias al bautismo en el Espíritu Santo.

Día 6
La segunda experiencia de Saulo con el Espíritu Santo

Saulo era un devoto judío que hacía estragos a los primeros cristianos. Un día iba de camino a Damasco para arrestar a ciertos cristianos, cuando el Señor se le presentó y sucedió algo sobrenatural en su vida *¿Quién eres, Señor? —preguntó. —Yo soy Jesús, a quien tú persigues —le contestó la voz— Levántate y entra en la ciudad, que allí se te dirá lo que tienes que hacer.*

Ananías se fue y, cuando llegó a la casa, le impuso las manos a Saulo y le dijo: «Hermano Saulo, el Señor Jesús, que se te apareció en el camino, me ha enviado para que recobres la vista y seas lleno del Espíritu Santo.» (Hechos 9:5,6,17).

Ananías llamó a Saulo «hermano» porque ahora Saulo era cristiano; aunque todavía no era lleno del Espíritu Santo. Mucha gente dice que cuando eres salvo, eres también automáticamente bautizado en el Espíritu Santo. Es posible recibir la salvación y ser bautizado en el Espíritu Santo en el instante de la conversión, pero no siempre es así. Saulo, quien luego se convirtió en Pablo, fue bautizado en el Espíritu Santo tres días después de recibir a Cristo en su vida. Y sucedió cuando Ananías impuso sus manos sobre él y oró.

La diferencia entre recibir el Espíritu Santo en la conversión y ser bautizados en el Espíritu Santo puede ser explicado así: Puedes acercarte a una piscina con agua y beber de ella (recibir el Espíritu Santo en la salvación), o puedes saltar a la piscina y hundirte en ella (ser bautizado en el Espíritu Santo). Es la misma agua (Espíritu Santo) pero la experiencia es completamente distinta.

Hacia finales de 1800, el evangelista Dwight L. Moody predicaba noche tras noche, y entre la concurrencia siempre habían dos damas, sentadas justo en primera fila. Y cada noche, luego de las reuniones, ellas se le acercaban y le decían: «Señor Moody, usted necesita ser lleno del Espíritu Santo.» Al inicio él rechazó esos consejos. Sin embargo, meses después, mientras caminaba por las calles de Nueva York, tuvo una experiencia con Dios y fue lleno del Espíritu *Santo*.

¡Los resultados llegaron a ser asombrosos! Predicó los mismos sermones, pero en lugar de dos o tres conversiones por cada servicio, cientos y miles llegaron a conocer a Jesús. En toda su vida, un millón de personas fueron rescatadas del infierno por el poder de Dios actuando en su vida. ¿Qué hizo la diferencia? El poderoso bautismo o llenura del Espíritu Santo. Moody recibió ese poder.

Reflexión
Explica la diferencia entre recibir el Espíritu Santo y ser bautizado en el Espíritu Santo. ¿Por qué crees que la experiencia de cada persona es un poco diferente?

Día 7
Experimente el poder del Espíritu

Yo fui bautizado en el Espíritu Santo siete años después de recibir a Jesucristo como mi Señor. Pude haber sido antes, lo que sucedía es que yo ignoraba la obra del Espíritu Santo. Amaba al Señor y servía en un ministerio juvenil, pero me di cuenta que algo faltaba en mi vida. Necesitaba el poder del Espíritu Santo. Cuando visité reuniones donde la gente era liberada de drogas y otros problemas de adicción, me di cuenta que ellos tenían un poder espiritual que yo no tenía.

Después de estudiar las Escritura y convencerme que esta experiencia tiene respaldo bíblico, un día me fui a un lugar entre los árboles y oré: «Dios, quiero que me bautices en el Espíritu Santo.» Oré, pero no sucedió nada. Recuerdo que yo tenía orgullo en mi corazón. Quería recibir el bautismo en el Espíritu Santo solo, y a mi manera. ¡Realmente no quería que algo demasiado radical suceda! Entonces, me humillé a mi mismo y fui a un pastor para que me impusiera sus manos y orara por mí. ¡Esa noche recibí el bautismo en el Espíritu Santo!

Después de esta experiencia, entré a una nueva dimensión de poder. No era yo, era Dios; y el bautismo en el Espíritu Santo me dio un intenso deseo de complacerle. Antes de ser bautizado en el Espíritu santo, teníamos un ministerio donde pocas personas habían dado sus vidas al Señor. Después de ser bautizado en el Espíritu santo, todo pareció cambiar. Cientos de jóvenes dieron sus vidas a Cristo durante los siguientes años. Y supe que esto no era debido a mi propio poder o fortaleza; sino a causa del poder del Espíritu Santo.

Debo admitir que al principio, no estaba seguro si debía contar o no mi experiencia a otros, pues era un tema controversial en la iglesia de ese tiempo. Cambié de opinión cuando una señorita me reprendió diciendo: «¿Por qué nunca me has hablado del bautismo en el Espíritu santo? El sábado pasado fui bautizada en el Espíritu Santo y ahora experimento el poder de Dios en mi vida.» Si llenas una lámpara de keroseno con suficiente combustible, todavía necesitarías prender un fósforo y encender la lámpara, si realmente deseas liberar el poder de la lámpara. El mismo principio se aplica a la verdad acerca del Espíritu Santo. Tenemos al Espíritu Santo viviendo en nosotros, y ahora necesitamos desatar su poder en nuestras vidas. Dios me habló a través de esta señorita y desde ese día en adelante, conté a todos la verdad que descubrí. ¡Y fue un gozo y privilegio servir como «partero espiritual» cuando el Señor bautizó a otros con su precioso Espíritu Santo!

Me tomó *varios* años ser bautizado en el Espíritu Santo, después de ser salvo, sin embargo creo que es la voluntad de Dios que nazcamos de nuevo e inmediatamente recibamos el bautismo en el Espíritu Santo y el poder de Dios en nuestras vidas. Hechos 2:38-39 dice que el bautismo en el Espíritu Santo no sólo fue para aquel día de Pentecostés, también para todos los que creerían en Cristo a lo largo de esta era. *Arrepiéntanse y bautícese cada uno de ustedes en el nombre de Jesucristo para perdón de sus pecados*

—les contestó Pedro— y recibirán el don del Espíritu Santo. En efecto, la promesa es para ustedes, para sus hijos y para todos los extranjeros, es decir, para todos aquellos a quienes el Señor nuestro Dios quiera llamar.

Reflexión
¿Para quiénes es el bautismo en el Espíritu Santo?

CAPÍTULO 4

El bautismo en el Espíritu Santo Parte 2

Versículo clave para memorizar

Cuando Pablo les impuso las manos,
el Espíritu Santo vino sobre ellos,
y empezaron a hablar en lenguas...

Hechos 19:6

Día 1
Recibe el gran regalo de Dios

Muchos cristianos, bastante sinceros, han visto cosas negativas en los que han sido bautizados en el Espíritu Santo. Yo también. Pero nosotros vivimos por la Palabra de Dios, y no por la experiencia de otros. Puede que hayas visto cosas pasar que en nombre del Espíritu se han dado, y aunque no hayan sido realmente del Espíritu, has dicho «si esto es el Espíritu Santo, yo no quiero saber nada de esto.» Pero no podemos despreciar el bautismo en el Espíritu Santo debido a lo que hemos visto o experimentado y que no fue auténtico.

Habrá quienes digan «si tengo que ser lleno del Espíritu Santo, bien, esa es tarea de Dios... yo estoy abierto a cualquier cosa que el Señor quiera hacer.» Y suena muy respetable, pero en realidad puede ser una confesión de incredulidad, porque en realidad no quieren esa llenura. Una vez un joven me dijo que no se sentía digno de ser bautizado el Espíritu Santo. Yo le respondí: «Tienes razón, yo tampoco lo merezco. Nosotros no merecemos la salvación ni ninguna otra cosa, pero Dios quiere dárnoslo como un regalo.»

Dios ya inició su parte. Nuestra responsabilidad ahora es recibir por fe lo que Él gratuitamente nos ofrece. Ser bautizados con el Espíritu Santo es un acto personal de fe, una decisión a tomar. Nuestro padre celestial quiere darnos el regalo del Espíritu Santo. *Pues si ustedes, aun siendo malos, saben dar cosas buenas a sus hijos, ¡cuánto más el Padre celestial dará el Espíritu Santo a quienes se lo pidan!* (Lucas 11:13).

¿Has sido bautizado en el Espíritu Santo? Si no estás seguro, ¡pídelo! Jesús quiere bautizarte con el Espíritu Santo. Sólo necesitas pedirlo en fe, de la misma manera cómo un niño pediría un regalo a su padre.

Tu Padre celestial quiere que recibas el Espíritu Santo. ¡Y te ofrece el bautismo en el Espíritu Santo gratuitamente!

Supongamos que hoy te doy un regalo de navidad. Entonces cuando llegas a casa y lo abres, encuentras muchos regalos envueltos adentro. Uno de esos regalos es una herramienta que necesitas; un alicate. Pero tienes que sacar el alicate y usarlo, si quieres ser efectivo. El mismo principio se aplica al Espíritu de Dios. Necesitamos recibir el regalo del bautismo en el Espíritu Santo por fe y luego empezar a usar todos los regalos maravillosos que lo acompañan.

Reflexión
Los regalos deben ser aceptados, abiertos y usados para realmente experimentarlos. ¿Cómo aceptamos el don de lenguas que Dios ofrece a sus hijos?

Día 2
¿Qué hay acerca de las lenguas?

Muchos creyentes en Éfeso nunca habían oído hablar del Espíritu Santo. Entonces Pablo les enseñó cómo recibirlo. Cuando oró por ellos, el Espíritu Santo vino sobre ellos y hablaron en lenguas. *Cuando Pablo les impuso las manos, el Espíritu Santo vino sobre ellos, y empezaron a hablar en lenguas y a profetizar* (Hechos 19:6).

Existen nueve dones del Espíritu Santo y se enumeran en 1 Corintios 12:7-10. Para saber más acerca del uso de estos dones, ver el libro 4 de la serie *Fundamentos Bíblicos*, capítulo 1, día 4. El don que queremos discutir en este capítulo es el don de lenguas.

A cada uno se le da una manifestación especial del Espíritu para el bien de los demás. A unos Dios les da por el Espíritu palabra de sabiduría; a otros, por el mismo Espíritu, palabra de conocimiento; a otros, fe por medio del mismo Espíritu; a otros, y por ese mismo Espíritu, dones para sanar enfermos; a otros, poderes milagrosos; a otros, profecía; a otros, el discernir espíritus; a otros, el hablar en diversas lenguas; y a otros, el interpretar lenguas (1 Corintios 12:7-10).

Muy a menudo, cuando un creyente es bautizado en el Espíritu Santo, comienza a hablar en *lenguas* o en un nuevo lenguaje celestial. La Biblia dice que magnificamos a Dios (Hechos 10:46). Este lenguaje personal de oración lo entiende Dios, porque es mi espíritu hablando a Dios. Hablar en lenguas es una línea directa de comunicación entre Dios y yo.

En el libro de Hechos vemos que el hablar en lenguas era muy a menudo una señal inicial externa que viene con el bautismo en el Espíritu Santo (Hechos 2:4; 10:45-46; 19:6). ¿Entonces, debe cada creyente, lleno del Espíritu, hablar en lenguas? No; no tienes que hacerlo, ¡pero puedes hacerlo! Es como ir a una zapatería y pedir un par de zapatos y decir «¿debo tener lenguas en mis zapatos?» ¡No, pero tú tienes lenguas y ello es parte de los zapatos! Orar en lenguas es una bendición de Dios. Imaginemos que vienes a mi casa y te invito a comer, y tú preguntas: «¿debo comer el filete o la ensalada?» Bien, no; no tienes que hacerlo, ¡pero está disponible para ti como parte de toda la comida que te ofrezco!

Dios quiere que tengamos y usemos los dones espirituales para ser de bendición a otros. Y hay que ejercitarlos, si queremos edificarnos de fortaleza espiritual y tener habilidad sobrenatural y efectividad en nuestras vidas.1 Corintios 14:1 dice: *Empéñense en seguir el amor y ambicionen los dones espirituales, sobre todo el de profecía.* Y Judas 20 nos dice: *Ustedes, en cambio, queridos hermanos, manténganse en el amor de Dios, edificándose sobre la base de su santísima fe y orando en el Espíritu Santo.*

Dios quiere que nos edifiquemos a nosotros mismos, y así ser testigos poderosos. En Hechos 1:8 leemos que cuando el Espíritu Santo venga sobre nosotros, recibiremos poder para ser su testigo. Esa es la verdadera razón por la cual recibimos poder: ser testigos. Orando en lenguas nos edificamos espiritualmente. Es como cargar tu batería espiritual. Con este poder puedes orar por los enfermos, ministrar a otros y ayudarlos.

Reflexión
De acuerdo a Hechos 10:46 ¿cuál es el propósito de las lenguas?

Día 3
Deseo que todos hablen en lenguas

El tema lenguas ha sido controversial en varios sectores de la iglesia de Jesucristo. La primera vez que asistí a una reunión, donde se habla en lenguas, me senté en la última fila. ¡Quería estar listo para salir, por si me llegara a sentir incómodo! Hay quienes dudan, debido al mal uso del don de lenguas y los otros dones del Espíritu; pero no hay por qué estar temerosos.

Uno de mis temores era recibir el bautismo en el Espíritu estando en un centro comercial. ¡Temía empezar a hablar en lenguas descontroladamente! Y me imaginaba la vergüenza que pasaría. Hasta que un día leí esta escritura: *El don de profecía está bajo el control de los profetas* (1 Corintios 14:32).

Tu espíritu está sujeto a ti mismo. Es como un grifo de agua. Puedes abrirlo o cerrarlo. El agua está allí, pero bajo tu control. Tú decides orar o no orar en lenguas, en cierto momento, aunque es Dios quien da el don y poder para hablar.

¿Cuán importante es hablar en lenguas y ejercitar los otros dones espirituales? Pablo, el apóstol, deseaba que cada persona hable en lenguas, y enfatizó su importancia para la vida espiritual. *Yo quisiera que todos ustedes hablaran en lenguas, pero mucho más que profetizaran. El que profetiza aventaja al que habla en lenguas, a menos que éste también interprete, para que la iglesia reciba edificación... Doy gracias a Dios porque hablo en lenguas más que todos ustedes* (1 Corintios 14:5,18).

¿El que no habla en lenguas es un cristiano de segunda categoría? ¡No; por supuesto que no! Pero Dios quiere que seamos bendecidos y usemos estas bendiciones para poder cumplir su llamado en nuestras vidas. Hay quienes piensan que el hablar en lenguas es algo egoísta. ¿Es egoísta el orar? ¿Es egoísta el leer la Biblia? ¿Por qué orar, leer las escrituras y hablar en lenguas? Lo hacemos para comunicarnos con Dios y edificarnos espiritualmente, y ser efectivos al ayudar a otros.

Reflexión
¿Por qué algunos cristianos temen recibir el don de lenguas?

Día 4
¡Búrlese del diablo!

Hay dos maneras de orar: con nuestra mente, y con nuestro espíritu. Ambos son necesarios y están bajo la influencia del Espíritu Santo; de acuerdo a 1 Corintios 14:14-15, *Porque si yo oro en lenguas, mi espíritu ora, pero mi entendimiento no se beneficia en nada. ¿Qué debo hacer entonces? Pues orar con el espíritu, pero también con el entendimiento; cantar con el espíritu, pero también con el entendimiento.*

La primera manera de orar es con nuestra mente. Cuando oramos «Padre nuestro que estás en los cielos...» lo hacemos con nuestra mente. Podemos entenderlo. Es que estamos usando nuestro intelecto para orar en un lenguaje conocido.

La segunda manera de orar es con el espíritu (en lenguas), lo cual resulta infructífero para nuestra mente. Es que nuestro espíritu está orando directamente al Padre y por encima de las limitaciones del intelecto humano.

En otras palabras, cuando oramos con nuestro espíritu, no tenemos idea de lo que decimos, pero el Padre celestial sí. Lo hacemos con fe sencilla y confiando que Dios es quien nos da la forma de las palabras y su significado. Cuando oramos en un nuevo lenguaje, nos edificamos a nosotros mismos (1 Corintios 14:4) y «nos fortalecemos» espiritualmente. Es como una línea telefónica directa al cielo.

Mientras caminaba en una tienda de informática, poco después de ser bautizado en el Espíritu Santo, vi a dos hombres que conversaban en «alemán de Pennsylvania,» un lenguaje que muchos descendientes alemanes hablan en mi ciudad. No podía entender lo que hablaban; pero ellos sí se entendían claramente. Entonces el Espíritu Santo me habló y me dijo: «Así como estos dos hombres se entienden perfectamente, así yo entiendo exactamente lo que tú dices cuando oras en lenguas. Sigue alabándome y magnificándome con este nuevo lenguaje que te he dado.» Ese día fui liberado para orar en lenguas sin otros pensamientos molestos de incredulidad y duda del diablo.

Hoy en día oro en lenguas todos los días, porque cuando oro en lenguas, me burlo del diablo. Él no tiene idea de lo que estoy diciendo. Según la Biblia, estoy hablando «misterios» en «lenguas angelicales.» *Si hablo en lenguas humanas y angelicales, pero no tengo amor, no soy más que un metal que resuena o un platillo que hace ruido* (1 Corintios 13:1). *Porque el que habla en lenguas no habla a los demás sino a Dios. En realidad, nadie le entiende lo que dice, pues habla misterios por el Espíritu* (1 Corintios 14:2).

Reflexión

¿Cómo el don de lenguas me ayuda a orar? ¿Sé lo que estoy diciendo cuando oro en lenguas? ¿Sabe el diablo lo que estoy diciendo?

Día 5
Clases de lenguas

Aclaremos un poco el tema de las lenguas. Hay dos clases de lenguas, según la Palabra de Dios. Hemos hablado de las lenguas que son para la oración e intercesión personal; son el tipo de lenguas que magnifican a Dios y nos sirve como línea de comunicación directa entre Él y nosotros. Es Dios que habla a través de nosotros. *Así mismo, en nuestra debilidad el Espíritu acude a ayudarnos. No sabemos qué pedir, pero el Espíritu mismo intercede por nosotros con gemidos que no pueden expresarse con palabras. Y Dios, que examina los corazones, sabe cuál es la intención del Espíritu, porque el Espíritu intercede por los creyentes conforme a la voluntad de Dios* (Romanos 8:26-27).

P.C. Nelson, fundador del Instituto Bíblico del Suroeste y asiduo estudioso del idioma griego, una vez enseñó que el texto de Romanos 8:26-27, en el griego literal se puede leer como «*el Espíritu Santo hace intercesión por nosotros con gemidos que no pueden ser dichos en un lenguaje articulado*» (lenguaje articulado es un lenguaje ordinario). Dijo que el griego permite incluir no sólo «gemidos» en oración, sino también «otras lenguas.» La Biblia dice que el Espíritu Santo nos ayuda a orar. Muchas veces me he sentido incapaz de expresar en palabras los profundos deseos de mi corazón. Hay momentos cuando la situación es tan compleja que simplemente no sé qué orar ni cómo orar. ¡Pero el Espíritu Santo sí!

El segundo tipo de lenguas se menciona en 1 Corintios 12:28-30, luego de señalar que Dios ha separado a algunos en la iglesia para diversas tareas y responsabilidades. *En la iglesia Dios ha puesto, en primer lugar, apóstoles; en segundo lugar, profetas; en tercer lugar, maestros; luego los que hacen milagros; después los que tienen dones para sanar enfermos, los que ayudan a otros, los que administran y los que hablan en diversas lenguas. ¿Son todos apóstoles? ¿Son todos profetas? ¿Son todos maestros? ¿Hacen todos milagros? ¿Tienen todos dones para sanar enfermos? ¿Hablan todos en lenguas? ¿Acaso interpretan todos?*

Debido a que esta escritura pregunta «¿hablan todos en lenguas?» muchos piensan que esto significa que no todos pueden hablar en lenguas como lenguaje personal de oración. Sin embargo, esta escritura realmente está preguntando «¿han sido separados todos para hablar con el don de lenguas *a la iglesia*?»

Como ves, existe un don para ser usado *en la iglesia*; es un tipo de lenguas. Y es diferente del tipo de lenguas que experimentamos cuando oramos en nuestro lenguaje de oración. El que usa el don de lenguas da un mensaje en lenguas y alguien con el *don de interpretación* da el significado, y ambos edifican al cuerpo de Cristo.

Para resumir, aunque todos los cristianos pueden hablar en lenguas para ser fortalecidos y servir mejor, el Señor también da un don especial de lenguas para ser usado y edificar la iglesia. Las escrituras aclaran que no todos serán usados por Dios para hablar en lenguas en la iglesia. Sin embargo, todos podemos orar en lenguas como lenguaje personal de oración al Señor. Lo mismo es para los otros dones enumerados aquí. Tú y yo podemos no tener el don de administración en la iglesia, pero todos debemos administrar nuestras agendas. No todos podemos tener los dones de sanidades, paro todos estamos llamados a orar por los enfermos.

Reflexión
¿Puedes orar en lenguas aún cuando no lo hagas públicamente?
¿Cuál es el propósito de las lenguas cuando la iglesia se reúne?

Día 6
Ambicionen las lenguas

Luego de enumerar Pablo los dones ministeriales del Espíritu Santo a la iglesia, en 1 Corintios 12:28-30, pregunta: *En la iglesia Dios ha puesto, en primer lugar, apóstoles; en segundo lugar, profetas; en tercer lugar, maestros; luego los que hacen milagros; después los que tienen dones para sanar enfermos, los que ayudan a otros, los que administran y los que hablan en diversas lenguas.* ¿Son todos apóstoles? ¿Son todos profetas? ¿Son todos maestros? ¿Hacen todos milagros? ¿Tienen todos dones para sanar enfermos? ¿Hablan todos en lenguas? ¿Acaso interpretan todos?

¿Cuáles son los mejores dones? Depende de la situación en la que estás. Si necesitas sanidad, creerás que el don de sanidad es el mejor.

¿Cuál es el «camino más excelente»? El amor. ¡1 Corintios 13 habla acerca de esto! Algunos dicen que no necesitan ningún don, y que sólo necesitan amor. Pero esto no es lo que Pablo está tratando de decirnos. Lo que él está enfatizando es que los dones espirituales sin amor de nada sirven. Debemos usar estos dones en amor, de acuerdo a 1 Corintios 13:8-13. *El amor jamás se extingue, mientras que el don de profecía cesará, el de lenguas será silenciado y el de conocimiento desaparecerá. Porque conocemos y profetizamos de manera imperfecta; pero cuando llegue lo perfecto, lo imperfecto desaparecerá. Cuando yo era niño, hablaba como niño, pensaba como niño, razonaba como niño; cuando llegué a ser adulto, dejé atrás las cosas de niño. Ahora vemos de manera indirecta y velada, como en un espejo; pero entonces veremos cara a cara. Ahora conozco de manera imperfecta, pero entonces conoceré tal y como soy conocido. Ahora, pues, permanecen estas tres virtudes: la fe, la esperanza y el amor. Pero la más excelente de ellas es el amor.*

Este pasaje de la escritura revela que las lenguas cesarán cuando «venga lo perfecto.» Algunos creen que ya no necesitamos las lenguas, porque, dicen ellos, «lo perfecto» se refiere a la Biblia. Lo que no se dan cuenta es que en ese mismo pasaje bíblico dice que lo veremos «cara a cara.» No veremos cara a cara la Biblia, sino a Jesús.

Al fin de los tiempos, no habrá necesidad del don de lenguas. Pero hasta que llegué ese día, el Señor nos ha dado el don de lenguas, la profecía y los otros dones del Espíritu Santo para usarlos y glorificar su nombre en la tierra.

Reflexión
¿Cuál es el mejor don? ¿Cuál es el camino más excelente?

Día 7
Continúa llenándote del Espíritu

¿Sabes con certeza que has sido bautizado en el Espíritu Santo? ¿Oras en lenguas? ¿Los dones espirituales están evidenciándose en tu vida? Si no estás seguro, pídele al Señor que te llene con su precioso Espíritu Santo ahora mismo. También píde a otro hermano lleno del Espíritu que ore por ti. A veces se requiere que alguien más se ponga de acuerdo con nosotros en fe para experimentar la llenura del Espíritu Santo. Pablo fue a Ananías. Los samaritanos esperaron por Pedro y Juan. Yo fui a un pastor amigo mío.

La promesa del Espíritu se recibe por fe. ¡Por fe la recibimos, pero luego hay que seguir llenándonos del Espíritu, día a día! Dwight L. Moody, el famoso evangelista, solía decir: «Necesito ser lleno del Espíritu Santo cada día, porque tengo goteras.»

Los primeros creyentes sabían esto. (Hechos 4:31), *Después de haber orado, tembló el lugar en que estaban reunidos; todos fueron llenos del Espíritu Santo, y proclamaban la palabra de Dios sin temor alguno.* Muchos de ellos fueron llenos del Espíritu Santo el día de Pentecostés, (Hechos 2). Pero necesitaron ser llenos vez tras vez. Nosotros también necesitamos experimentar renovación constante. Pablo enseñó que para mantener la llenura del Espíritu hay que vivir separados del pecado. *No se emborrachen con vino, que lleva al desenfreno. Al contrario, sean llenos del Espíritu* (Efesios 5:18).

El bautismo nuevo-testamentario del Espíritu Santo sucede en un contexto de discipulado comprometido con Jesucristo. Nuestro corazón debe ser recto delante de Dios, si queremos que Él derrame su Espíritu sobre nosotros. Mientras vivamos en obediencia a Cristo, tendremos mayor certeza de la presencia del Espíritu Santo en nuestra vida. Nuestra relación con el Padre se profundizará y creceremos en amor por los demás.

Dios quiere usarte para provocar cambios en la vida de otros. Pero requieres el poder del Espíritu Santo para «penetrar.» El Señor quiere usarte para transformar vidas para la eternidad. Tu familia será cambiada cuando seas bautizado con el Espíritu Santo. No sucederá de inmediato, ¡pero sucederá! No será por tu habilidad natural, sino por Cristo que obra en ti por el Espíritu Santo. Dios te bendiga mientras vives por el poder y autoridad de Dios y experimentes el Espíritu Santo fluyendo a través tuyo.

Reflexión
¿Por qué los creyentes en Hechos 4:31 tuvieron que ser llenos con el Espíritu Santo otra vez? ¿Qué evidencia de poder hay en tu vida ahora que has sido bautizado en el Espíritu Santo?

Fundamentos Bíblicos 4

Edifiquemos para la eternidad

CAPÍTULO 1

La participación de bendición y sanidad

Versículo clave para memorizar

Por eso te recomiendo que avives la llama del don de Dios que recibiste cuando te impuse las manos.

2 Timoteo 1:6

Día 1
Un principio elemental: La imposición de manos

Hace algunos años, visité un instituto bíblico en donde conocí a un anciano caballero. Él había experimentado el mover de Dios de maneras milagrosas durante su vida y le pregunté si aceptaba acompañarme a mi dormitorio. Sabía que él tenía algo que yo necesitaba. Cuando él me impuso las manos y oró, sentí que Dios me daba su bendición a través de este precioso hombre de Dios. Yo sabía que, de acuerdo con las Escrituras, algo sucede cuando un creyente le impone manos a otro y ora por él. Le *da* o le *imparte* algo, a través de su enseñanza o su influencia, que necesita la otra persona.

En Levítico 16:21-22, Aarón impuso sus manos sobre un macho cabrío y confesó los pecados del pueblo, que pasaron de sus manos al animal. Esta transferencia sobrenatural se produjo durante la imposición de manos.

¿Qué ocurre en esta transferencia espiritual? La Biblia enseña que hay una clara participación del poder y la bendición de Dios, que es transferida de una persona a otra mediante la imposición de manos. La «imposición de manos» es otra de las piedras fundamentales que necesitamos colocar en nuestra vida cristiana según Hebreos 6:1-2. *Por eso, dejando a un lado las enseñanzas elementales acerca de Cristo, avancemos hacia la madurez. No volvamos a poner los fundamentos, tales como el arrepentimiento de las obras que conducen a la muerte... la imposición de manos...*

El propósito de Dios para la piedra fundacional de la *imposición de manos* es que experimentemos la bendición de Dios y seamos de bendición para otros. En el Antiguo Testamento, la imposición de manos fue una práctica común para impartir bendición que era transmitida a las generaciones futuras. Jacob impartió la bendición de Dios a sus hijos imponiéndoles las manos antes de morir (Génesis 48:14).

Un amigo mío suele contar el caso verídico de un cristiano que se dio cuenta de que su vida tocaba a su fin y que pronto iba a reunirse con su Padre celestial. Reunió a sus hijos en torno suyo e impartió la bendición de Dios a cada uno de ellos. Luego se retiró a su dormitorio, se acostó y se fue con el Señor. Este es un verdadero ejemplo moderno de la participación de la bendición de Dios.

No tenemos por qué esperar hasta el final de nuestra vida para impartir bendición mediante la imposición de manos. En los dos capítulos siguientes, examinaremos cómo la imposición de manos no sólo imparte bendición, sino también sanidad, dones espirituales y autoridad.

Reflexión

¿Qué hay de sobrenatural en la imposición de manos?
¿Ha pedido alguna vez a otro cristiano que le imparta una bendición mediante la imposición de manos? Describa su petición.

Día 2
Impartámonos vida unos a otros

Hay un tremendo poder en nuestra vida para bendecir, animar y ayudar a las personas sólo con tocarlas. Yo creo que esto se aplica de una manera especial a los niños. Los que trabajan en una guardería pueden bendecir a los niños sosteniéndoles en los brazos y confesando la Palabra de Dios sobre ellos. Una noche tuvimos un niño en nuestra casa que no dejaba de llorar. Le tomé en mis brazos y, orando en el Espíritu, le impartí la bendición de Dios. Después de algunos minutos, el niño se calmó. Qué privilegio fue impartir una bendición espiritual de paz sobre aquel niño. Jesús mismo lo hizo: *Y después de abrazarlos, los bendecía poniendo las manos sobre ellos* (Marcos 10:16). Yo impongo las manos sobre mis hijos cada noche antes de acostarse. Al orar por ellos les estoy impartiendo la salud, la sanidad, la gracia y la unción del Señor sobre sus vidas. ¿Por qué? Porque se libera poder cuando se imparte bendición espiritual sobre las personas.

Me encanta estrechar la mano de la gente por primera vez. Como creyentes en Jesucristo, podemos estrechar la mano de alguien e impartirle, a través de una especie de imposición de manos, fe, convicción, gracia y unción de Dios en su vida. El Señor quiere que seamos una bendición a otros para que podamos heredar una bendición de Él, según 1 Pedro 3:8-9. *En fin, vivan en armonía los unos con los otros; compartan penas y alegrías, practiquen el amor fraternal, sean compasivos y humildes. No devuelvan mal por mal ni insulto por insulto; más bien, bendigan, porque para esto fueron llamados, para heredar una bendición.*

Algo sobrenatural ocurre cuando comprendemos el principio de la imposición de manos y participamos en esta verdad dadora de vida. Cuando los cristianos llenos del Espíritu imponen sus manos sobre otros y hacen oraciones de fe, el poder de Dios que está en ellos será también recibido por la persona por la que oran. ¿Nunca abrazó a alguien perfumado con un perfume muy fuerte, y después, por varios minutos, continuó oliendo a su perfume o colonia? Cuando alguien le impone las manos, le imparte algo que el Señor le ha dado. Le alcanza algo que está sobre él o ella. Podemos imponer las manos sobre otros e impartirles las bendiciones de Dios y ellos pueden hacer lo mismo por nosotros.

Reflexión
¿Cómo nos imparte el Señor una bendición y de que manera nosotros podemos hacerlo?

Día 3
Impartamos el poder del Espíritu Santo

Tanto en el Antiguo como en el Nuevo Testamento, hay numerosos ejemplos de imposición de manos, en las que una persona impuso las manos sobre otra por un propósito concreto. Tomemos un momento y examinemos varios propósitos que aparecen en las Escrituras en relación con la imposición de manos. Note en primer lugar cómo se imparte el poder del Espíritu Santo mediante la imposición de manos. En Hechos 8:14-15;17, se observa que la imposición de manos ayudó a los que estaban procurando el bautismo en el Espíritu Santo. *Cuando los apóstoles que estaban en Jerusalén se enteraron de que los samaritanos habían recibido la Palabra de Dios, les enviaron a Pedro y a Juan. Éstos, al llegar, oraron por ellos para que recibieran en el Espíritu Santo... Entonces Pedro y Juan les impusieron las manos, y ellos recibieron el Espíritu Santo.*

Pedro y Juan fueron a Samaria, impusieron las manos sobre los nuevos creyentes y éstos recibieron el bautismo en el Espíritu Santo. Tal vez usted se pregunte: «¿Debo yo pedir a alguien que me imponga las manos para ser bautizado en el Espíritu Santo?» No, no tiene que hacerlo. Sin embargo, ocurre algo sobrenatural cuando un creyente en Jesucristo, lleno del Espíritu Santo, impone las manos sobre otra persona y hace una oración de fe. Dios actúa sobrenaturalmente a través de Su pueblo y les da la capacidad divina de impartir el tremendo poder del Espíritu Santo cuando ellos oran en fe.

Hace muchos años, un amigo me impuso las manos y oró por mí y yo comencé a orar en una nueva lengua. (Hablé en lenguas). Ahora tengo el mismo privilegio de imponer manos sobre las personas y ver que son bautizadas en el Espíritu Santo y oran en lenguas. Y usted también. La imposición de manos para impartir el bautismo en el Espíritu Santo no fue sólo para los creyentes del libro de Hechos, es válida también para nosotros hoy.

Jesucristo es el mismo ayer y hoy y por los siglos (Hebreos 13:8). Él desea usarle para orar por otros a fin de que sean bautizados en el Espíritu Santo imponiéndoles las manos y haciendo una oración de fe. ¡Confíe en ser usado por el Señor!

Reflexión
¿Puedes recibir el Espíritu Santo sin la imposición de manos? ¿Te ha usado Dios para impartir el Espíritu Santo a alguien por la imposición de manos? Explica.

Día 4
Impartamos dones espirituales

Otro propósito de la imposición de manos es la participación de dones espirituales. Pablo dijo en Romanos que deseaba impartirles dones espirituales para que fueran fortalecidos en su fe. *Tengo muchos deseos de verlos para impartirles algún don espiritual que los fortalezca; mejor dicho, para que unos a otros nos animemos con la fe que compartimos.* (Romanos 1:11-12).

Jesucristo no sólo quiere impartir el bautismo en el Espíritu Santo mediante la imposición de manos, sino también impartir los dones espirituales que otorga el Espíritu Santo. 1 Corintios 12:8-10 menciona nueve de los dones espirituales sobrenaturales. *A unos Dios les da por el Espíritu palabra de sabiduría; a otros, por el mismo Espíritu, palabra de conocimiento; a otros, fe por medio del mismo Espíritu; a otros, y por ese mismo Espíritu, dones para sanar enfermos; a otros poderes milagrosos; a otros, profecía; a otros, el discernir espíritus; a otros, el hablar en diversas lenguas; y a otros el interpretar lenguas.*

A medida que recibimos dones espirituales particulares del Señor y aprendemos a usarlos y a ejercitarlos, podremos imponer las manos sobre otros e impartirles estos dones. Éstos no son los únicos dones que el Espíritu Santo da al cuerpo de Cristo para ser usados entre su pueblo. Otros dones mencionados en Romanos 12:6-8 son los de profecía, servicio, enseñanza, dar ánimo, prestar socorro, dirigir y mostrar compasión. Estos dones son deseos internos o motivaciones que nos permiten edificar al pueblo de Dios y expresar su amor a otros.

Hay muchos dones sobrenaturales y espirituales muy prácticos que Dios nos concede. Cuando Dios nos los concede, también nos da el poder y la capacidad de imponer las manos sobre otros para que ellos también vean florecer estos dones en sus vidas. El Señor quiere usarle para impartir a otros lo que Él le ha dado.

Quizá usted necesite *discernimiento* o un *don de fe*. Busque a alguien en cuya vida esté operando este don. Pídale a él o a ella que le imponga manos y ore por usted. Muchas veces yo he pedido a otros que me impongan las manos y oren por mí y he recibido capacidad sobrenatural y fortaleza espiritual. Otras veces he tenido el privilegio de imponer las manos sobre otros y participarles un don de fe y ellos recibieron fortaleza espiritual y una fe renovada.

Reflexión
Enumere los nueve dones espirituales mencionados en 1 Corintios 12. Enumere otros siete dones espirituales que aparecen en Romanos 12. ¿Tiene usted algunos de estos dones? ¿Ha impartido algún don a otros?

Día 5
Asóciese con quienes le puedan impartir algún don

La unción y los dones de Dios se acrecientan asociándose con gente que tiene esta clase de dones operando en su vida. Esto supone una mayor oportunidad de que estos dones nos sean transferidos o impartidos. Cuando tratamos con individuos que tienen ciertos dones espirituales, ellos pueden imponernos las manos para impartirnos esos dones. Pablo dijo en 1 Timoteo 4:14: *Ejercita el don que recibiste mediante profecía, cuando los ancianos te impusieron las manos.*

Los líderes de la iglesia impusieron las manos sobre Timoteo y Dios le concedió los dones espirituales que él necesitaba para cumplir con sus responsabilidades. Pablo dijo a Timoteo que no descuidara los dones que había recibido del Señor mediante la imposición de manos. También le dijo que tenía que avivar estos dones. *Por eso te recomiendo que avives la llama del don de Dios que recibiste cuando te impuse las manos* (2 Timoteo 1:6).

Si usted tiene el don de profecía, o el don de servicio, o el don de misericordia, puede avivar estos dones orando en el Espíritu y ejercitándolos. Al confesar la verdad de la Palabra de Dios y dar gracias a Dios por haberle concedido estos dones, los avivará en su interior para poder ser de bendición a los que le rodean.

Reflexión
Explique en sus propias palabras, «la unción es por asociación». Según 2 Timoteo 1:6, ¿cómo puede usted avivar los dones que Dios le ha concedido?

Día 6
Impartamos salud a los enfermos

La imposición de manos está también relacionada con el ministerio de sanidad física. El Señor desea que estemos atentos a los impulsos de su Espíritu, que oremos por otros y que otros oren por nosotros para que se libere su poder sanador. La Biblia nos dice en Marcos 16:17-18, *...estas señales acompañarán a los que crean: en mi nombre...pondrán las manos sobre los enfermos, y éstos recobrarán la salud.*

Esta promesa es para todo creyente. Las Escrituras nos enseñan que aquellos que creen en Jesús pondrán las manos sobre los enfermos y ellos se recobrarán. Dios le ha llamado a usted y a su familia a imponer las manos sobre los enfermos. Muchos cristianos, lo primero que hacen cuando alguien está enfermo es llamar al médico o ir a la farmacia. ¡Dios nos asegura que ellos sanarán! El poder sanador de Dios pasa de un creyente a otro mediante la imposición de manos. No hay nada malo en acudir al médico, pero hemos de acudir antes a Jesús.

En el libro de Hechos, capítulo 9, Ananías, una vez que comprendió el poder que se libera mediante la imposición de manos y la oración, impuso las manos sobre Saulo para sanarlo ...*Le impuso las manos a Saulo y le dijo: "Hermano Saulo, el Señor Jesús, que se te apareció en el camino, me ha enviado para que recobres la vista y seas lleno del Espíritu Santo."* Al instante cayó de los ojos de Saulo algo como escamas, y recobró la vista... (Hechos 9:17-18). Saulo rindió su vida a Jesús en el camino de Damasco. Tres días después Ananías oró por él y ocurrieron dos cosas. Primero, Saulo había estado ciego por tres días y tenía escamas en los ojos. La Escritura dice que las escamas cayeron cuando Ananías le impuso las manos y oró por él. Y segundo, Saulo fue lleno del Espíritu Santo.

Jesús impartió constantemente salud a otros cuando les tocaba. Lo vemos en Marcos 1:41-42 cuando sanó a un leproso. *Movido a compasión, Jesús extendió la mano y tocó al hombre... Al instante se le quitó la lepra y quedó sano.*

Vemos de nuevo a Jesús impartir salud en Marcos 6:56. *Y dondequiera que iba, en pueblos, ciudades o caseríos, colocaban a los enfermos en las plazas. Le suplicaban que les permitiera tocar siquiera el borde de su manto, y quienes lo tocaban quedaban sanos.*

Jesús vive hoy en cada uno de nosotros. Si damos un paso de fe y creemos en la Palabra de Dios, nosotros también seremos recipientes de sanidad. La Biblia afirma que cuando imponemos las manos sobre los enfermos y hacemos una oración de fe, ellos se recobrarán.

Reflexión
¿Qué pasaba por lo general cuándo Jesús tocó a la gente o ellos lo tocaron? ¿Podemos hacer lo mismo hoy?

Día 7
Cualquier creyente puede impartir una bendición a otra persona

La imposición de manos no es sólo para ser practicada por los líderes. Cualquier creyente puede transmitir de esta manera bendiciones espirituales a otros. Como pueblo de Dios, nosotros somos la iglesia. Al leer el Nuevo Testamento, no vemos que la iglesia sea un grupo de creyentes que sólo se reúnen en un edificio los domingos por la mañana; cultivaban relaciones todos los días. Éstas formaban parte integral de sus vidas. *No dejaban de reunirse en el templo ni un solo día. De casa en casa partían el pan y compartían la comida con alegría y generosidad, alabando a Dios y disfrutando de la estimación general del pueblo. Y cada día el Señor añadía al grupo los que iban siendo salvos* (Hechos 2:46-47).

Estos creyentes experimentaban lo que es una verdadera iglesia. Sabían cómo impartirse mutuamente la bendición de Dios relacionándose estrechamente como pueblo suyo. Lo mismo está ocurriendo hoy por todo el mundo. La gente se está entusiasmando gracias a su relación con Jesucristo. La gente está cansada de una religión muerta. Desean una religión auténtica. Cuando Jesucristo les salva y les bautiza en el Espíritu Santo, estos creyentes no quieren quedarse sentados y «jugar a ser iglesia.» Desean cultivar relaciones —¡con Jesucristo y los unos con los otros!— Abren sus hogares y ministran a las personas en sus propias casas.

Están floreciendo por doquier grupos pequeños, interactivos, que se reúnen de casa en casa, y en reuniones más grandes, para recibir enseñanza y experimentar tiempos de adoración —grupos célula, iglesias en casas, grupos pequeños— no importa el nombre que se les dé, todos tienen el propósito de levantar cristianos maduros y proporcionar a todo cristiano un trabajo que hacer. Los grupos pequeños dan a todos una oportunidad de bendecir e impartir sus vidas a otros. En grupos pequeños de familias espirituales podrá ser alimentada y bendecida la próxima generación de creyentes.

Hay ocasiones en las que me siento completamente desprovisto de fe. Dado que la fe viene por el oír la Palabra de Dios (Romanos 10:17), yo sé que el primer paso para experimentar una fe renovada es meditar en la Palabra de Dios. Pero muchas veces he sido también renovado en la fe cuando alguien que está «lleno de fe» ora por mí y me imparte fe y el poder sanador de Jesús. Dios nos ha hecho de tal manera que nos necesitamos unos a otros. Somos su cuerpo, y cada parte del cuerpo es importante. Cuando tenemos una necesidad, el Señor escoge a menudo servirse de otros como canales para impartirnos lo que necesitamos. El Señor también nos quiere usar para impartir a otras vidas lo que Él nos ha concedido a nosotros.

Reflexión
Dé algunos ejemplos en los que Dios pueda querer usarle para impartir bendiciones espirituales a otros.

CAPÍTULO 2

Impartamos autoridad

Versículo clave para memorizar

Así que después de ayunar, orar e imponerles las manos, los despidieron.

Hechos 13:3

Día 1
Para reconocer un ministerio específico

Otro propósito de la imposición de manos es reconocer públicamente que algunos han recibido autoridad de Dios para un ministerio específico y enviarles a cumplirlo. El libro de Hechos 13:2-3 ofrece un relato de los líderes espirituales de la iglesia de Antioquía, que reconocieron y enviaron a dos apóstoles imponiéndoles las manos. *Mientras ayunaban y participaban en el culto al Señor, el Espíritu Santo dijo: "Apártenme ahora a Bernabé y a Saulo para el trabajo al que los he llamado." Así que después de ayunar, orar e imponerles las manos, los despidieron.*

El liderazgo de la iglesia impartió a Bernabé y Saulo, mediante la imposición de manos, la bendición y la gracia que el Espíritu Santo les había concedido. Fueron comisionados para un ministerio específico que reconocía el llamado previo de Dios a sus vidas. ¡Bernabé y Saulo fueron enviados como uno de los equipos misioneros más potentes que jamás haya caminado sobre la faz de la tierra!

Hechos, capítulo seis, cuenta que se apartó a un grupo de hombres para distribuir alimentos a las viudas y a los necesitados. Estos hombres fueron llevados ante los apóstoles, que les impusieron las manos y les impartieron autoridad y responsabilidad para la obra concreta de la distribución de alimentos. Debido a su historial de piedad y fidelidad al Señor, estos «diáconos» fueron apartados para el ministerio de servir a la iglesia de esta manera. *Escogieron a Esteban, hombre lleno de fe y del Espíritu Santo, y a Felipe, a Prócoro, a Nicanor, a Timón, a Parmenas y a Nicolás, un prosélito de Antioquía. Les presentaron a los apóstoles, quienes oraron y les impusieron las manos* (Hechos 6:5-6).

Las Escrituras nos enseñan que los que han recibido autoridad de Dios (y ejercen ya un ministerio establecido) deberán ser apartados o consagrados para este ministerio específico mediante la imposición de manos de los líderes de la iglesia. Cuando yo era un joven pastor, los líderes espirituales ante los que debía rendir cuentas me impusieron las manos y me nombraron para desempeñar una nueva función en el liderazgo. El Señor los usó para establecer en mi vida este nombramiento para el liderazgo.

Reflexión

¿Por qué es importante ser impartido, y recibir la imposición de manos por los líderes antes de ser enviado para desempeñar un ministerio específico?

Día 2
Un ejemplo del Antiguo Testamento de participación de autoridad

Un ejemplo de imposición de manos en el Antiguo Testamento para impartir autoridad para un ministerio específico se halla en el caso de Moisés y Josué. Moisés guió fielmente a los hijos de Israel por el desierto. Cuando se acercaba el fin de su ministerio, pidió al Señor que nombrara a otro líder que le sustituyera para dirigir a Israel. Josué, a quien Moisés había instruido durante cuarenta años, ocupó su lugar para dirigir al pueblo de Dios. Veamos lo que ocurrió cuando se efectuó la transferencia de liderazgo. Vemos claramente actuar el principio de la imposición de manos en Números 27:18,20: *El Señor le dijo a Moisés: —Toma a Josué hijo de Nun, que es un hombre de gran espíritu. Pon tus manos sobre él... le entregarás el mando....*

Por supuesto, esto sucedió cuando Moisés se dio cuenta de la necesidad de que Josué le sucediera en el liderazgo. Josué ya había sido instruido por Moisés y llamado por Dios, pero Moisés reconoció este llamado imponiendo las manos sobre él e impartiéndole parte del poder y la autoridad que él mismo había recibido del Señor para dirigir a su pueblo. Josué fue lleno de espíritu de sabiduría (Deuteronomio 34:9) luego que Moisés le impartió su autoridad. Esta participación otorgó a Josué lo que Moisés había recibido.

Moisés impartió a Josué la bendición y la capacidad espiritual que él había recibido del Señor.

Reflexión

¿Por qué fue importante para Moisés el impartir su autoridad a Josué?

Día 3
Los líderes espirituales tienen autoridad para impartir

La Biblia enseña que los líderes espirituales que el Señor ha puesto sobre nosotros han recibido autoridad divina y responsabilidad sobre nuestras personas. El Señor les manda que velen por nuestras almas. *Obedezcan a sus dirigentes y sométanse a ellos, pues cuidan de ustedes como quienes tienen que rendir cuentas. Obedézcanlos a fin de que ellos cumplan su tarea con alegría y sin quejarse, pues el quejarse no les trae ningún provecho.* (Hebreos 13:17)

En primer lugar, en el cuerpo de Cristo tenemos la autoridad de Dios porque somos hijos e hijas del Señor gracias a la fe en Jesucristo. Pero a medida que nos comprometemos con la iglesia en las distintas esferas del ministerio, no sólo recibimos autoridad directamente de Dios, sino también cuando somos comisionados por los líderes espirituales que el Señor ha puesto sobre nosotros.

En cualquier área de ministerio en la que nos encontremos, actuaríamos sabiamente si nos hiciéramos las siguientes preguntas: «Señor, ¿has puesto sobre mi persona uno o más líderes espirituales que estén velando por mi alma?» En segundo lugar: «¿Hay alguien con quien pueda compartir parte de mi responsabilidad?» Cuando llegue el momento, el Señor puede pedirnos que impongamos las manos sobre alguien para impartirle las bendiciones y dones espirituales que Él nos ha concedido.

Los líderes espirituales imponen manos sobre pastores, líderes y misioneros y les encomiendan para nuevas esferas de servicio. Se les imponen las manos para impartirles las bendiciones y dones espirituales que Dios da. Algo sobrenatural ocurre cuando se impone las manos sobre otros y se les aparta para un ministerio en particular. Los que imponen manos sobre líderes cristianos nuevos son responsables delante del Señor de velar por ellos, de «velar por las almas» de aquellos a quienes comisionan.

Reflexión
Deseas que alguien ponga las manos sobre ti para impartir una bendición y dones espirituales? Pide!

Día 4
Una palabra de aviso: No se apresure

Hace algunos años, leí acerca de un importante avivamiento en el sureste de Asia, en donde un joven llegó al conocimiento de Cristo y Dios comenzó a usarlo de una manera poderosa. Los ancianos de la iglesia se reunieron, le impusieron las manos, oraron por él y le impartieron autoridad y responsabilidad para ser enviado como evangelista. En casi todos los lugares donde iba había personas que sanaban y se salvaban. La iglesia comenzó a crecer y ocurrían cosas milagrosas. Después de un tiempo, aquel joven se hinchó de orgullo y más tarde cayó en inmoralidad.

Cuando los líderes de la iglesia le confrontaron en amor, el joven respondió: «Fíjense, están ocurriendo milagros y sanidades, ¿quiénes son ustedes para decirme lo que tengo que hacer?» No estuvo dispuesto a rendir cuentas por sus actos y rehusó arrepentirse de sus pecados. Los mismos líderes que unos años antes habían impuesto las manos sobre aquel joven, comisionándole para la obra, le dijeron que ellos se sentían responsables.

«Haremos lo siguiente —le dijeron—: Usted nos preocupa como persona, pero creemos que su desobediencia al Señor ha sido causa del mal uso de su poder. Vamos a orar y retomar esa unción, esa capacitación que le concedimos cuando le impusimos las manos.» ¿Saben qué sucedió? Después de orar para deshacer aquella «comisión,» el joven no volvió a recibir poder de Dios para sanar a los enfermos y dejaron de producirse milagros. A partir de aquel día, el evangelista no volvió a ver la clase de milagros que estaba acostumbrado a experimentar.

Los líderes de la iglesia se dieron cuenta de que habían impuesto las manos sobre aquel joven demasiado pronto para darle responsabilidad y autoridad como evangelista. Aprendieron, por el camino más áspero, lo que las Escrituras nos advierten en 1 Timoteo 5:22. *No te apresures a imponerle las manos a nadie...*

Los líderes de la iglesia deben tener cuidado para no imponer manos prematuramente a nuevos ancianos, pastores y líderes de ministerio. La persona que es apartada para el ministerio debe tener un historial de fidelidad al Señor.

Edifiquemos para la eternidad

Cuando los líderes espirituales imponen las manos sobre alguien, actúan como representantes de Dios y otorgan a esa persona autoridad para el servicio cristiano. Se libera poder espiritual mediante la imposición de manos cuando el pueblo del Señor es apartado para un ministerio específico. Del mismo modo, esta autoridad puede ser retirada.

Reflexión
Dé algunas razones válidas para rehusar imponer las manos sobre alguien.

Día 5
Otra palabra de aviso: Manténgase puro

Después de la advertencia de 1 Timoteo 5:22, de que no debemos de apresurarnos para imponer las manos sobre nadie, añade: *...no sea que te hagas cómplice de pecados ajenos. Consérvate puro.*

Podemos participar o «ser cómplices» de los pecados ajenos si imponemos las manos sobre alguien que anda en pecado. Este versículo puede referirse principalmente al hecho de comisionar a alguien en la iglesia para un servicio concreto, pero yo creo que hace referencia a cualquier persona por quien oramos.

Por ejemplo, una noche una joven de nuestro grupo célula nos pidió orar por ella porque tenía fuertes dolores de espalda. Alguien discernió que antes debía perdonar a un miembro de su familia. Cuando le preguntamos al respecto, se apresuró a afirmar que no podía perdonar a la persona que le había ofendido. Le animamos a perdonar primero para poder recibir plenamente la oración de fe por su sanidad, lo cual hizo. Es importante que antes de orar por otros y ayudarles a ser libres, mediante la confesión de su pecado, se arrepientan de él, y reciban la Palabra y el perdón de Dios; antes de impartirles su bendición y su autoridad. Sólo entonces la imposición de manos producirá verdadero fruto.

Dios quiere usarle para imponer las manos sobre otros para impartir su bendición y su autoridad. Adondequiera que vaya, Dios quiere darle oportunidades para impartir su autoridad a la gente. Es necesario, por supuesto, hacerlo con sabiduría. Por ejemplo, los hombres deben ministrar a los hombres hasta donde sea posible. Las mujeres han de ministrar a las mujeres. Las Escrituras parecen implicar que los hombres más maduros deben ministrar a los más jóvenes, y las mujeres más maduras a las más jóvenes, Pablo da a Tito esta directriz: *A las ancianas, enséñales... deben enseñar lo bueno y aconsejar a las jóvenes... a los jóvenes, exhórtalos...* (Tito 2:3-4,6).

Para impartir la bendición o autoridad de Dios a una mujer, pediré a alguien que me acompañe para ese tiempo de ministerio. Hemos de proceder con discreción. Deben siempre mantenerse unos límites adecuados entre un hombre y una mujer, especialmente al imponerles manos en oración, para que no haya malentendidos. Las Escrituras nos exhortan a «evitar toda clase de mal» (1 Tesalonicenses 5:22).

Reflexión
Explique en sus propias palabras qué significa «evitar toda clase de mal» en el contexto de la imposición de manos

Día 6
Tenemos autoridad delegada para ministrar a otros

El principio de la imposición de manos me recuerda una visita al banco. Imaginemos que voy al banco y llevo un cheque firmado por mi padre. Cuento con su autoridad delegada para sacar dinero del banco. Preguntemos al Señor: «¿Cómo puedo yo impartir Su bendición y su autoridad a la gente hoy?» Las Escrituras nos aseguran que somos sacerdotes. Somos un sacerdocio real, según 1 Pedro 2:9. *Pero ustedes son linaje escogido, real sacerdocio, nación santa, pueblo que pertenece a Dios, para que proclamen las obras maravillosas de aquel que los llamó de las tinieblas a su luz admirable.* ¿Recuerde lo que hacían los sacerdotes del Antiguo Testamento antes de la venida de Jesús? Se ponían en la brecha entre el Señor y su pueblo.

Hoy podemos, de una manera nueva, mediante la imposición de manos, tomar las bendiciones de Dios e impartirlas a las personas, incluso a las que todavía no son cristianas. La Biblia afirma en 2 Corintios 3:6 que somos «servidores de un nuevo pacto.» Usted y yo somos servidores hoy y podemos ministrar a las personas mediante la imposición de manos. Cuando ellas estén enfermas, ministraremos sanidad en el nombre de Jesús. Cuando haya falta de paz, ministraremos su paz. Cuando se sientan débiles, ministraremos su fortaleza. Cuando necesiten estar llenas del Espíritu Santo, ministraremos el precioso Espíritu Santo.

Si usted forma parte de un grupo pequeño de creyentes de una célula o iglesia de hogar, sepa que puede hacer la «obra del ministerio» o tiene que esperar a que su líder de célula, pastor o anciano ore por los demás —usted mismo puede hacerlo. También se presentarán ocasiones en las que tenga que ir al hospital para orar por algún enfermo. En momentos así, debe pedir a los demás miembros del grupo pequeño que le impongan las manos y oren por usted. Ellos le impartirán la bendición y la unción de Dios sobre su vida para que usted pueda ser más eficaz cuando ore por los enfermos y les ministre en el hospital, en el nombre de Jesús.

Si es padre, imponga las manos sobre sus hijos y minístrelos. Estará ministrando la autoridad, la gracia y la unción de Dios a sus hijos mediante la imposición de manos. Yo a menudo he tenido el privilegio de impartir su paz, su sabiduría y su fortaleza a las personas. También he sido privilegiado porque ha habido muchos que me han impuesto las manos y me han impartido las mismas bendiciones. Esto es lo que Dios quiere que hagamos: ministrarnos los unos a los otros.

Reflexión
Diga algunos ejemplos de como ha ministrado a otros atravez de la imposición de manos.

Día 7
El recibir autoridad de otros

Si usted está comprometido en una esfera específica de ministerio, ¿ha pedido alguna vez a alguien que le imponga las manos y le comisione para esa área de servicio? Tal vez usted tenga un ministerio a los niños de la iglesia o de la comunidad. Reciba la bendición y la autoridad de Dios mediante la imposición de manos. Pida a los que el Señor ha puesto sobre usted como guardas espirituales que le impongan las manos y oren por usted.

Las Escrituras nos enseñan en Hebreos 13:7: *Acuérdense de sus dirigentes, que les comunicaron la palabra de Dios. Consideren cuál fue el resultado de su estilo de vida, e imiten su fe.* Sus líderes espirituales tienen algo que usted necesita —usted puede imitar su fe y su conducta porque ellos son fuertes en la fe. Al hacerlo, le será impartido lo que ellos tienen.

Quizás su pastor o líder del grupo célula le puede imponer las manos y comisionarle para servir de una manera particular. De este modo, usted contará con la autoridad de Dios, así como con la autoridad y la bendición de su iglesia para hacer aquello que Dios le ha llamado a hacer.

Reflexión
¿Le ha impuesto alguien las manos para comisionarle para una esfera de servicio? Si no, pídalo.

CAPÍTULO 3

Viviremos para siempre

Versículo clave para memorizar

Ciertamente les aseguro que el que oye mi palabra
y cree al que me envió, tiene vida eterna y
no será juzgado, sino que ha pasado
de la muerte a vida

Juan 5:24

Día 1
Un principio elemental:
La resurrección de los muertos

En este capítulo, examinaremos la importante piedra fundacional de la «resurrección de los muertos» y en el capítulo siguiente el «juicio eterno.» *Por eso, dejando a un lado las enseñanzas elementales acerca de Cristo, avancemos hacia la madurez. No volvamos a poner los fundamentos, tales como...la resurrección de los muertos y el juicio eterno* (Hebreos 6:1-2).

¿Por qué es la resurrección de los muertos tan importante para nuestra fe? La diferencia entre el cristianismo y las demás religiones es que en el núcleo mismo del cristianismo subyace esta verdad: ¡Jesucristo vive hoy! Mahoma está muerto. Buda está muerto. Todos esos «grandes profetas» que fundaron las religiones del mundo están muertos, pero ¡Jesucristo está vivo! La iglesia primitiva lo proclamó claramente: «Jesucristo resucitó de los muertos.» El fundamento de su fe se apoyaba en que Jesucristo había resucitado de los muertos y estaba vivo y bien.

El hecho de su resurrección constituye el núcleo central de nuestra fe. Él resucitó de los muertos: esta verdad es fundamental para el evangelio de Jesucristo y los que creen en Él compartirán su resurrección. ¡Viviremos para siempre! Es más, al final de los tiempos, todos serán resucitados, incluidos los malvados, los cuales serán juzgados y castigados. El mismo Jesús habló de la resurrección de los muertos, tanto de los justos como de los impíos, en Juan 5:28-29. *No se asombren de esto, porque viene la hora, y ha llegado ya, en que todos los que están en los sepulcros oirán su voz, y saldrán de allí. Los que han hecho bien, resucitarán para tener vida, pero los que han practicado el mal resucitarán para ser juzgados.*

Reflexión
¿Cuál es el hecho fundamental del evangelio de Jesucristo? ¿Por qué es tan importante?

Día 2
La esperanza surge de saber que seremos resucitados

Surge una tremenda esperanza cuando se sabe que habrá resurrección de los muertos. Para empezar, sin vida eterna no habría relaciones perdurables. Dado que las relaciones son tan importantes para Dios, Él nos creó seres eternos. Quiso tener comunión con nosotros para siempre. Los cristianos tendrán relaciones (con Dios y unos con otros) por toda la eternidad porque ¡viviremos para siempre!

Cuando Jesús caminó sobre la tierra, su propio hermano, Jacobo, no se dio cuenta que Él era el Hijo de Dios (Juan 7:5) hasta que Jesús resucitó de los muertos y se le apareció. Jacobo creyó inmediatamente. ¿Acaso no hubiera creído usted?... *Cristo murió por nuestros pecados según las Escrituras... fue sepultado... resucitó al tercer día según las Escrituras...*

Luego se apareció a Jacobo, más tarde a todos los apóstoles (1 Corintios 15:3-4,7).

He asistido a muchos funerales. Hay esperanza para los que son verdaderos cristianos cuando mueren. Pasan a estar con el Señor. La esperanza envuelve al funeral entero porque la resurrección de los muertos nos asegura que les volveremos a ver en el futuro.

Los que no creen en la vida eterna no tienen esperanza de la futura resurrección de los muertos. Thomas Paine, famoso por su conexión con la revolución francesa y la americana, fue también un célebre infiel que murió miserablemente en rebeldía contra el Dios, a quien hizo oídos sordos. Cuando los cristianos intentaron compartir con él su esperanza durante sus últimos días sobre la tierra, su respuesta fue: «¡Largo de aquí ustedes y vuestro Dios! ¡Salgan inmediatamente de este aposento!» Entre las últimas declaraciones que llegaron a oídos de los asistentes de este moribundo incrédulo, y que fueron recogidas para la historia, figuran las palabras: «Dios mío, Dios mío, ¿por qué me has abandonado?» Él murió sin esperanza.[1]

Todas las personas vivirán para siempre porque son seres eternos. Jesús habla de una resurrección de vida para el creyente y una resurrección de juicio para el impío en Juan 5:24. *Ciertamente les aseguro que el que oye mi palabra y cree al que me envió, tiene vida eterna y no será juzgado, sino que ha pasado de la muerte a la vida.*

Edifiquemos para la eternidad

Los cristianos vivirán para siempre con el Señor porque han oído la Palabra del Señor y la han creído, pero los incrédulos serán condenados a vivir en eterna condenación (infierno).

Reflexión
¿Por qué tienen los Cristianos la esperanza? ¿Sabe usted seguro si usted muriera esta noche, usted iría al cielo?

Día 3
La muerte será abolida

La resurrección de Jesús es una victoria sobre la muerte. Jesús derrotó al mal cuando se levantó de los muertos. En 1 Corintios 15:25-26, se nos asegura que el último enemigo que será abolido es la muerte. *Porque es necesario que Cristo reine hasta poner a todos sus enemigos debajo de sus pies. El último enemigo que será destruido es la muerte.*

Tengo un libro en casa que relata lo sucedido en los últimos instantes de la vida de cientos de personas antes de su defunción. Algunas son historias maravillosas de cristianos que, en sus últimos instantes sobre esta tierra, captaron una vislumbre celestial y pasaron pacíficamente a estar con el Señor.

Sin embargo, se cuentan casos horribles de ateos o agnósticos y de gente que maldijo el nombre de Dios. Las enfermeras que les atendían en sus alcobas se horrorizaron porque estos incrédulos veían literalmente el fuego del infierno incluso antes de expirar.

La madre de unos amigos nuestros se fue a vivir con ellos para ser atendida durante los últimos años de su vida. Esa anciana amaba al Señor con todo su corazón y sufrió de cataratas por varios años. El día que falleció y fue a estar con el Señor Jesús, las cataratas le cayeron de los ojos. Los ojos azules que ella había tenido en su juventud volvieron a brillar. Miró hacia un rincón de su habitación y notificó que había visto a Jesús.

Mientras yo me encontraba en Zambia, conocí a una señora que me contó una experiencia asombrosa del cielo. Ella acababa de sufrir un grave accidente de automóvil y, mientras permanecía inconsciente, vio una luz resplandeciente que iluminaba la parte trasera de la furgoneta. Halló que era transportada a los cielos en donde seres gloriosos cantaban en una lengua angelical. Cuando se acercaba al lugar más hermoso que jamás había visto, comenzó a descender a la tierra. Sintió desilusión cuando se dio cuenta que no seguía avanzando hacia la ciudad gloriosa que había contemplado. Después vio la barandilla de la cama de su habitación en el hospital y oyó la voz de un familiar que le decía: «Te pondrás bien.»

«Pero yo quiero proseguir» —replicó al ser angélico que estaba a su lado.

«Todavía no ha llegado tu hora» —respondió el ser angélico. Entonces se despertó en su cama del hospital. ¡El Señor le había dado a probar un pequeño sabor del cielo!

Los cristianos tienen una esperanza maravillosa gracias a la resurrección de los muertos. Cuando Jesús se levantó de los muertos, Él abolió la muerte. Somos seres eternos que viviremos para siempre con Él.

Reflexión
¿Quién ha sido derrotado debido a la resurrección de Jesús? ¿Cómo influye esto tu vida?

Día 4
Nuestros nombres están escritos en el Libro de la Vida

¿Sabía que el Señor tiene escrito el nombre de cada creyente en un libro llamado el *Libro de la Vida*? Cuando recibimos a Jesucristo como Señor de nuestra vida, nuestros nombres son inscritos en su libro. Él nos dará fuerza para vencer el pecado y las tentaciones de este mundo hasta el final. *El que salga vencedor se vestirá de blanco. Jamás borraré su nombre del libro de la vida, sino que reconoceré su nombre delante de mi Padre y delante de sus ángeles* (Apocalipsis 3:5).

Imagínese que el Libro de la Vida contiene un registro completo de la vida de todas las personas en una cinta electromagnética. La tecnología moderna permite que un error sea sencilla y completamente borrado en unos instantes haciendo pasar la cabeza grabadora una segunda vez por ese tramo de cinta. Existe incluso un «borrador intensivo» que puede, en escasos segundos, borrar por completo el contenido de la grabación de toda una cinta. Lo mismo sucede con el registro celestial de la vida de un pecador. Cuando un pecador se acerca por primera vez en fe y arrepentimiento a Cristo, Dios le aplica su «borrador intensivo» celestial. Todo el registro de los antiguos pecados del pecador es, de este modo, instantánea y completamente borrado, quedando disponible una cinta nueva, sobre la cual se puede grabar una nueva vida de fe y justicia. Si en algún tiempo posterior el creyente vuelve a caer en pecado, sólo necesita arrepentirse y confesar su pecado. Dios borrará esa parte concreta de la grabación, y una vez más la cinta quedará limpia.[2]

Cuando usted esté delante de Dios y de Jesucristo sentado a la diestra del Padre, Él dirá: «Yo di mi vida por usted.» ¡Sus pecados fueron completamente cubiertos y lavados hace dos mil años! Por eso yo amo tanto a Jesús. ¡Él pagó el precio de mi salvación en la cruz!

Reflexión
¿Están algunos de sus pecados registrados en el Libro de la Vida? ¿Por qué no?

Día 5
Nos graduaremos para el cielo

Cuando uno es salvado y llega al conocimiento de Jesucristo, su espíritu es salvo. Cuando muere y pasa a la vida eterna, su espíritu va directamente a la presencia de Cristo en el cielo. Inmediatamente, estará *ausente del cuerpo y presente al Señor* (2 Corintios 5:8, RV60).

Cuando Jesús regrese para recoger a su pueblo, tanto los que murieron en Cristo como los que aún estén vivos recibirán cuerpos nuevos, resucitados, adaptados para el cielo. Nuestro espíritu, alma y cuerpo se reunirán, en ese momento, en un nuevo cuerpo resucitado y viviremos para Dios por toda la eternidad —un cuerpo que conservará la identidad terrenal y que será por tanto reconocible (Lucas 16:19-31), un cuerpo adaptado para el cielo, libre de decadencia y de muerte (1 Corintios 15:42), un cuerpo poderoso que no estará sujeto a la enfermedad (1 Corintios 15:43), un cuerpo no sujeto a las leyes de la naturaleza (Lucas 24:31; Juan 20:19; 1 Corintios 15:44), un cuerpo que podrá comer y beber (Lucas 14:15; 22:14-18,30; 24:43). De modo que, para el cristiano, la muerte es como una graduación o licenciatura. ¡Pasaremos de una fase de la vida a otra!

El cielo será un lugar maravilloso. Adorar a Dios en su presencia será la mejor experiencia de todas. Piense por un momento en las cosas más maravillosas que le encanta hacer sobre la tierra. Pues en el cielo será un billón de veces mejor. Apocalipsis 21:1-4 habla del cielo. *Después vi un cielo nuevo y una tierra nueva, porque el primer cielo y la primera tierra habían dejado de existir, lo mismo que el mar. Vi además, la ciudad santa, la nueva Jerusalén, que bajaba del cielo, procedente de Dios, preparada como una novia hermosamente vestida para su prometido. Oí una potente voz que provenía del trono y decía: «¡Aquí, entre los seres humanos, está la morada de Dios! Él acampará en medio de ellos, y ellos serán su pueblo; Dios mismo estará con ellos y será su Dios. Él les enjugará toda lágrima de los ojos. Ya no habrá muerte, ni llanto, ni lamento ni dolor, porque las primeras cosas han dejado de existir.»*

El cielo será un lugar de un alivio total. Estaremos absolutamente embelesados en la presencia de Dios.

Augusto Toplady, autor del inmortal himno «Roca de los Siglos,» se halló en el lecho mortuorio a la edad de treinta y ocho años, pero estaba listo para el día de su graduación. Como una hora antes de su muerte, pareció despertarse de un gentil sueño. «¡Oh, qué delicias! ¿Quién podrá describir el gozo del tercer cielo? ¡Qué sol tan esplendoroso se ha extendido delante de mí! No tengo palabras para expresarme. ¡Todo es luz, luz, luz —el resplandor de su gloria!»[3]

Reflexión
¿Cómo es que la muerte es semejante a una graduación? ¿Cómo cree usted que será el cielo con cuerpo, alma y espíritu nuevos y perfectos?

Día 6
¿Qué les sucederá a los niños?

A veces la gente pregunta ¿qué les sucederá a los niños? ¿Irán los niños al cielo? ¡Sí, el cielo estará repleto de niños! Cuando los niños nacen en este mundo caído, lo hacen con una naturaleza caída. No obstante, un niño pequeño no tiene edad para discernir la diferencia entre las leyes de Dios y los deseos de su naturaleza caída. Cuando un niño llega al «uso de razón», tiene que decidir escoger entre el bien y el mal. Eventualmente escogerá a Dios o su propio camino, el cual le guiará a una eterna separación de Dios.

Edifiquemos para la eternidad

Los niños no tienen culpa ni son espiritualmente responsables hasta que pecan contra la ley de Dios. *En otro tiempo yo tenía vida aparte de la ley; pero cuando vino el mandamiento, cobró vida el pecado y yo morí* (Romanos 7:9). Pablo asegura que hubo un tiempo en el que «vivió aparte de la ley,» dándonos a entender que un niño «está vivo» hasta que es capaz de discernir la diferencia entre el bien y el mal. Sólo Dios sabe cuando llega ese momento. No obstante, después que un niño conoce la ley, entonces nace el pecado y muere. Es decir, cuando nos damos cuenta de que estamos pecando contra la ley de Dios, estamos espiritualmente muertos. Por eso necesitamos entregar nuestra vida a Jesucristo. Necesitamos nacer de nuevo.

Nuestros hijos tuvieron convicción de pecado a una edad temprana y recibieron a Jesucristo como su Señor y Salvador. Cuando eran pequeños, no tenían discernimiento de la convicción de pecado. Sin embargo, llegó el día (del «uso de razón»), para cada uno de ellos, de tener que responder a la convicción del Espíritu Santo.

Toda persona debe llegar al momento decisivo de dar una respuesta a Jesucristo y Su oferta de salvación para poder asegurarse un lugar en el cielo. Jesús dijo en Mateo 18:3: *Les aseguro que a menos que ustedes cambien y se vuelvan como niños, no entrarán en el reino de los cielos.*

Reflexión
¿Qué les sucede a los niños pequeños cuando mueren? Según Mateo 18:3 ¿qué es lo que capacita a una persona para entrar en el cielo?

Día 7
Se nos está preparando un lugar

En este mismo momento, el Señor está preparando un lugar para que vivamos por toda la eternidad. Jesucristo dice en Su Palabra: *No se angustien. Confíen en Dios y confíen también en mí. En el hogar de mi Padre hay muchas viviendas; si no fuera así, ya se lo habría dicho a ustedes. Voy a prepararles un lugar. Y si me voy y se lo preparo, vendré para llevármelos conmigo. Así ustedes estarán donde yo esté* (Juan 14:1-3).

¿Puede imaginárselo? ¡Jesús está preparando un lugar especial en el cielo precisamente para usted! ¡Jesucristo regresa a buscarnos! Aquellos de nosotros que aún vivan sobre la tierra cuando Él regrese se encontrarán con Él en el aire. Aquellos que hayan muerto, cuyos espíritus estén con el Señor, regresarán con Él y se les concederá nuevos cuerpos. ¡Será un día emocionante! *Hermanos, no queremos que ignoren lo que va a pasar con los que ya han muerto, para que no se entristezcan como esos otros que no tienen esperanza. ¿Acaso no creemos que Jesús murió y resucitó? Así también Dios resucitará con Jesús a los que han muerto en unión con Él. Conforme a lo dicho por el Señor, afirmamos que nosotros, los que estemos vivos, los que hayamos quedado hasta la venida del Señor, de ninguna manera nos adelantaremos a los que hayan muerto. El Señor mismo descenderá del cielo con voz de mando, con voz de arcángel y con trompeta de Dios, y los muertos en Cristo resucitarán primero. Luego, los que estemos vivos, los que hayamos quedado, seremos arrebatados junto con ellos en las nubes para encontrarnos con el Señor en el aire. Y así estaremos con el Señor para siempre* (1 Tesalonicenses 4:13-17).

Jesucristo vuelve para buscar a su iglesia —su pueblo. Va a ser el acontecimiento histórico más extraordinario desde su visita a este planeta hace dos mil años. Como cristianos, debemos vivir cada día ¡como si fuera a regresar hoy mismo! Si Él no regresara todavía por unos cuantos años, no importaría. Seguiremos levantando nuestra mirada hacia el cielo, esperaremos su retorno, mientras vivimos cada día en comunión con el Espíritu Santo.

D.L. Moody, un evangelista del siglo XIX, sabía que se estaba preparando un lugar para él en el cielo. En su lecho de muerte, pareció vislumbrar más allá del velo cuando exclamó: «La tierra retrocede, el cielo se abre delante de mí. Es maravilloso. Si esto es la muerte, entonces es dulce. Aquí no hay valle. Dios me está llamando y debo irme. Éste es mi triunfo; éste es el día de mi coronación. He venido esperándolo por muchos años.»[4]

Reflexión
¿Qué está Jesús preparándonos, conforme a Juan 14:1-3? ¿Cuándo viene Jesús a recogernos?

Notas
1. Recopilado por John Myers, *Voices from the Edge of Eternity*, p. 133.
2. Derek Prince, *Foundation Series*, p. 579.
3. Recopilado por John Myers, *Voices from the Edge of Eternity*, pp. 23, 24.
4. Recopilado por John Myers, *Voices from the Edge of Eternity*, pp. 23, 24.

CAPÍTULO 4

Dios juzgará a todos

Versículo clave para memorizar

...Está establecido que los seres humanos mueran una sola vez, y después venga el juicio...

Hebreos 9:27

Día 1
Un principio elemental: El juicio eterno

En el capítulo anterior examinamos el principio de la «resurrección de los muertos.» En éste, examinaremos otra piedra fundacional de la fe cristiana relacionada con la resurrección de los muertos: «El juicio eterno.» *Por eso, dejando a un lado las enseñanzas elementales acerca de Cristo, avancemos hacia la madurez. No volvamos a poner los fundamentos...el juicio eterno* (Hebreos 6:1-2).

¿Qué es juicio? La palabra *juicio* significa literalmente *veredicto*. Cuando un juez sentencia a alguien le dicta un veredicto. Se pronuncia un juicio. No hay marcha atrás. Las Escrituras afirman que el juicio es eterno. El juicio eterno es un veredicto emitido que durará para siempre.

¿Qué es la eternidad? Imagínese un pajarito que llega a una playa cada mil años. Este pájaro toma un granito de arena y lo deja caer en medio del mar. Después de que todas las playas del mundo estuvieran completamente vacías de arena, tan sólo habría acabado de comenzar la eternidad. ¡Así de difícil resulta desentrañar la duración de la eternidad!

Todo hombre y toda mujer que haya vivido será algún día juzgado por Dios para toda la eternidad. ... *Está establecido que los seres humanos mueran una sola vez, y después venga el juicio...*(Hebreos 9:27). Los justos no tienen por qué temer el juicio de Dios porque recibirán vida eterna en el cielo con Jesús. No obstante, los impíos serán eternamente castigados. *Aquellos irán al castigo eterno, y los justos a la vida eterna* (Mateo 25:46).

Voltaire fue un reconocido incrédulo francés que pasó la mayor parte de su vida ridiculizando al cristianismo. Cuando sufrió un derrame cerebral y se dio cuenta de que su vida tocaba a su fin, se aterrorizó y se torturó en medio de tal agonía que a veces rechinaba los dientes de ira contra Dios y contra el hombre. Otras veces, exclamaba: «¡Oh Cristo, debo morir abandonado de Dios y de los hombres!» Los amigos impíos de Voltaire temían acercarse a su lecho. Su enfermera confesó repetidamente que ni por todas las riquezas de Europa querría volver a ver morir a un incrédulo. Significaba una escena de horror que escapa a toda exageración.[1]

Mientras que el cielo es un lugar de una hermosura inimaginable en donde el pueblo de Dios tendrá comunión unos con otros y con su Dios para siempre, el infierno es un lugar de sufrimiento perenne y de castigo para los que rechazaron a Cristo.

Reflexión
¿Cuál es el juicio eterno? ¿Dónde van los malos y donde van los justos, según Mateo 25:46?

Día 2
El tribunal de Cristo

Un día, todos compareceremos delante del Dios vivo para ser juzgados. Para los creyentes en Jesucristo, nuestros pecados fueron juzgados en la cruz hace dos mil años, por tanto, no será un juicio de condenación. Sin embargo, aquellos que no recibieron al Señor Jesucristo en sus vidas serán sentenciados y condenados. No hay escape. *Porque es necesario que todos comparezcamos ante el tribunal de Cristo, para que cada uno reciba lo que le corresponda, según lo bueno o lo malo que haya hecho mientras vivió en el cuerpo. Por tanto, como sabemos lo que es temer al Señor, tratamos de persuadir a todos...*(2 Corintios 5:10-11).

Este es el momento de contar a la gente las buenas nuevas que traerán libertad a hombres y mujeres. Hoy, mientras estoy escribiendo esto, he tenido el privilegio de asistir a dos jóvenes esposos que han entregado sus vidas a Jesucristo. Gracias a su decisión por Cristo, sus pecados les han sido perdonados y no tendrán que hacer frente al castigo eterno. ¡Vivirán para siempre en el reino de Dios!

Gloria y alabanza sea a Jesús, quien ¡pagó el precio sobre la cruz para salvarnos de la condenación eterna! Al que recibe a Jesús como Señor, Él le dice: «Yo te amo, te limpiaré y te haré una persona completamente nueva, miembro de Mi familia. Vivirás conmigo para siempre.» El plan de Dios para nosotros es que seamos salvos. *Dios no envió a su Hijo al mundo para condenar al mundo, sino para salvarlo por medio de él* (Juan 3:17).

Reflexión
Imagínese que está delante del trono de Dios en el día del juicio. ¿Cómo puede estar seguro de que obtendrá vida eterna?

Día 3
Los cristianos tendrán que rendir cuentas en el juicio

Aunque los creyentes están libres del juicio de condenación e irán al cielo, la Biblia afirma que tendremos que rendir cuentas del grado de nuestra fidelidad a Dios, de acuerdo con 1 Corintios 3:12-15. *Si alguien construye sobre este fundamento, ya sea con oro, plata y piedras preciosas, o con madera, heno y paja, su obra se mostrará tal cual es, pues el día del juicio la dejará al descubierto. El fuego la dará a conocer, y pondrá a prueba la calidad del trabajo de cada uno. Si lo que alguien ha construido permanece, recibirá su recompensa, pero si su obra es consumida por las llamas, él sufrirá pérdida. Será salvo, pero como quien pasa por el fuego.*

En ese día, ante el tribunal de Cristo, Dios examinará abiertamente nuestro carácter, actos secretos, buenas obras, motivos, actitudes, etc. Si no hemos vivido vidas santas y piadosas ni hemos mostrado amabilidad y compasión, nuestro fundamento será débil —hecho de «madera, heno y paja en vez de oro, plata y piedras preciosas.» Aunque obtengamos la salvación, experimentaremos una gran «pérdida.» Un creyente descuidado sufrirá pérdida de las siguientes maneras: sintiendo vergüenza ante la venida de Cristo (1 Juan 2:28), pérdida de la obra de su vida para Dios (1 Corintios 3:13-15), pérdida de gloria y honor delante de Dios (Romanos 2:7), pérdida de la oportunidad de servicio y autoridad en el cielo (Mateo 25:14-30; 5:15; 19:30) y pérdida de recompensas (1 Corintios 3:12-14; Filipenses 3:14; 2 Timoteo 4:8).

Cuando nuestro motivo y actitud refleje el fruto del Espíritu y un amor como el de Cristo, nuestras obras estarán edificadas sobre piedras preciosas y recibiremos muchas recompensas de Dios. Si hemos sido movidos más por una ambición egoísta que por la dirección del Espíritu Santo, esas obras serán destruidas, quemadas. Estas solemnes palabras deberían de motivarnos a vivir fielmente vidas de abnegación para el Señor.

Un reconocido maestro de la Biblia que ha pasado docenas de años proclamando el evangelio por todo el mundo describe de la siguiente manera el momento en que Dios juzgará las obras de todo cristiano: «Ante los penetrantes rayos de esos ojos, cuando cada uno de nosotros comparezca delante de su trono, todo lo que sea vil, insincero y vano de las obras de su pueblo será eternamente consumido en un instante. Sólo lo que sea verdadero y de valor permanente pervivirá, purificado y refinado como por el fuego. Al considerar esta escena del juicio, cada uno de nosotros debiera hacerse la siguiente pregunta: ¿Cómo debo servir a Cristo en esta vida, para que mis obras soporten la prueba del fuego en aquel día?»[2]

Reflexión
Que será «revelado a la luz» en la vida de un creyente en el dia del juicio l según 1 Corintios 3:12-15?

Día 4
El juicio de los malvados —literalmente un infierno

Aunque todos los vivos y muertos de todos los siglos serán juzgados, la Biblia presenta una imagen distinta del destino final de los perdidos cuando estén delante del Dios viviente. Apocalipsis 20:11-15 afirma: *Luego vi un gran trono blanco y a alguien que estaba sentado en él. De su presencia huyeron la tierra y el cielo, sin dejar rastro alguno. Vi también a los muertos, grandes y pequeños, de pie delante del trono. Se abrieron unos libros, y luego otro, que es el libro de la vida. Los muertos fueron juzgados según lo que habían hecho, conforme a lo que estaba escrito en los libros. El mar devolvió a sus muertos; la muerte y el infierno devolvieron a los suyos; y cada uno fue juzgado según lo que había hecho.*

La muerte y el infierno fueron arrojados al lago de fuego. Este lago de fuego es la muerte segunda. Aquel cuyo nombre no estaba escrito en el libro de la vida era arrojado al lago de fuego.

¿Por qué se menciona aquí la *muerte segunda*? La *muerte segunda* es un infierno eterno que arde para siempre. Esta descripción horrorosa del infierno es casi demasiado terrible para pensar en ella, pero según la Biblia, hay un infierno real, en llamas. Las Escrituras atestiguan: *El Hijo del hombre enviará a sus ángeles, y arrancarán de su reino a todos los que pecan y hacen pecar. Los arrojarán al horno encendido, donde habrá llanto y rechinar de dientes. Entonces los justos brillarán en el reino de su Padre como el sol. El que tenga oídos, que oiga* (Mateo 13:41-43).

Tanto el destino del cristiano como el del incrédulo son irreversibles en la muerte. En Lucas 16:19-31, se presenta el caso de Lázaro y el rico. El rico consumió su vida persiguiendo ambiciones egocéntricas y cuando murió acabó en el infierno. Lázaro era un mendigo, un hombre pobre que vivía en el vecindario del rico y se alimentaba de las migajas que caían de su mesa. Su corazón estaba en paz con Dios, y cuando murió, fue inmediatamente transportado al paraíso. El hombre rico clamó pidió clemencia por causa del tormento que padecía en el infierno, pero fue demasiado tarde.

Algunas personas comentan sarcásticamente: «Yo no tengo miedo del infierno. Me limitaré a celebrar una fiesta con todos mis amigos.» El infierno no será una fiesta. Será un lugar de fuego eterno —un lugar de horribles tormentos.

Reflexión
Si el nombre de una persona no se hallara en el Libro de la Vida, ¿cuál será su destino final, según Apocalipsis 20:11-15? ¿Es este destino reversible? (véase Lucas 16:19-31)

Día 5
El infierno fue preparado para el diablo y sus ángeles

Jesús no creó el infierno para los seres humanos. Lo hizo para el diablo y sus ángeles. *Luego dirá a los que estén a su izquierda: "Apártense de mí, malditos, al fuego eterno preparado para el diablo y sus ángeles"* (Mateo 25:41).

Lo peor del infierno es la falta de la bondad de Dios. Todo lo bueno que conocemos es de Dios. ¿Puede imaginarse un lugar en donde no hay nada bueno? Así es como será aquel lugar, sumergido en el tormento del fuego infernal.

Lo mismo que habrá grados de recompensa en el cielo, habrá grados de castigo en el infierno, según la Biblia. *El siervo que conoce la voluntad de su Señor, y no se prepara para cumplirla, recibirá muchos golpes. En cambio, el que no la conoce y hace algo que merezca castigo, recibirá pocos golpes. A todo el que se le haya dado mucho, se le exigirá mucho; y al que se le haya confiado mucho, se le pedirá aún más* (Lucas 12:47-48).

Es decir, las personas que hayan oído el evangelio y conozcan acerca de la Verdad (Jesús), y sigan viviendo de espaldas a Él, estarán bajo un juicio mucho más severo que las que nunca hayan oído. Yo solía creer que las personas que han cometido pecados muy «graves» —como el asesinato, el adulterio y la brujería— recibirían un mayor castigo en el infierno. Sin embargo, la Biblia nos dice en este pasaje que la gente que conoce la verdad y no la obedece recibirá un castigo más severo en el infierno que la que no la ha conocido ni obedecido. La pura verdad, no obstante, es que el infierno es el infierno. Ya sea un millón o diez millones de grados, es el infierno —un «fuego que nunca se extingue» (Marcos 9:43), un lugar de interminable tormento y sufrimiento, una realidad terrorífica para los que se hayan condenado.

Reflexión
¿Creó Dios el infierno para los malvados? ¿Cómo es el infierno, según Marcos 9:43?

Día 6
¿Qué será de aquellos que nunca oyeron hablar de Jesús?

Jesucristo es el único camino por el que podemos acceder a Dios y a la vida eterna con Él. El mismo Jesús aseveró en Juan 14:6... *Yo soy el camino, la verdad y la vida. Nadie llega al Padre sino por mí.*

Entonces ¿qué pasa con los que nunca han oído hablar de Jesucristo? Podemos estar seguros de que Dios es un juez justo. La Biblia dice que Él es justo (1 Juan 2:1). Cuando alguien cuestiona la imparcialidad del juicio de Dios respecto a los que no han oído, mi respuesta inicial es: «Pero *usted* sí ha oído; ¿qué respuesta da *usted* a Jesús?» Romanos 2:14-15 afirma: *De hecho, cuando los gentiles, que no tienen la ley, cumplen por naturaleza lo que la ley exige, ellos son ley para sí mismos, aunque no tengan la ley. Éstos muestran que llevan escrito en el corazón lo que la ley exige, como lo atestigua su conciencia, pues sus propios pensamientos algunas veces los acusan y otras veces los excusan.*

Aquí vemos que el Señor juzga conforme a lo que el individuo ha aprendido y su conciencia le dicta. Todos tienen una medida de conocimiento del bien y del mal, y hemos de confiar que Dios sea un juez justo. Dios es un Dios fiel y justo (1 Juan 1:9). Él es más justo de lo que cualquier ser humano pudiera ser jamás. Son los que conocen la verdad de Jesucristo los que no tienen excusa. Gálatas 6:7-8 advierte: *No se engañen: de Dios nadie se burla. Cada uno cosecha lo que siembra. El que siembra para agradar a su naturaleza pecaminosa, de esa misma naturaleza cosechará destrucción; el que siembra para agradar al Espíritu, del Espíritu cosechará vida eterna.*

Por eso tenemos que sembrar espiritualmente en nuestras vidas. Debemos leer y meditar la Palabra de Dios, y compartir su verdad con los demás. Necesitamos desarrollar una relación íntima con nuestro Señor Jesucristo. Todo aquello que sembremos espiritualmente, eso también cosecharemos. Lo que sembremos para la carne (nuestra propia naturaleza maligna), cosecharemos esa misma clase de destino eterno. *Busquen primeramente el reino de Dios y su justicia, y todas estas cosas les serán añadidas* (Mateo 6:33).

¿Qué *cosas?*, tal vez se pregunte. Todas las bendiciones de Dios incluyen vida eterna en el cielo. Las personas viven para siempre. ¿En qué consiste el reino de Dios? En Dios y su pueblo. En una relación con Dios (y con otros) que durará para siempre.

Reflexión
¿Cómo será Dios un juez justo, según Romanos 2:14-15?

Día 7
Debemos comunicarles las buenas nuevas

Un ateo en Inglaterra hizo un comentario que nunca olvidaré. Declaró: «Soy ateo porque si creyese lo que los cristianos predican, me arrastraría sobre manos y pies y vidrios rotos para decirle a una persona cómo podría escapar al castigo del que ellos hablan.» Los cristianos saben que el cristianismo es verdadero y que aguarda un destino eterno tanto para los que son salvos como para los que no lo son.

En los primeros tiempos de la iglesia primitiva, Dios le dio una visión a un joven: «Vi en la visión las llamas del infierno. Y vi mucha, muchísima gente que caminaba hacia ellas, y caía por un precipicio dentro del abismo. Después vi a otro grupo de personas: un ejército. Vi gente cogida de la mano que se acercaba al borde del fuego y tiraban, en el último segundo, de la gente antes de que se despeñasen. La gente estaba siendo literalmente arrebatada del infierno. Eso es lo que Dios nos ha llamado a hacer como iglesia.» Tenemos que hacer todo lo posible por ver a las personas arrebatadas de las llamas del infierno para que vivan eternamente para Dios.

Cuando los cristianos nos veamos a nosotros mismos como soldados espirituales de su ejército, nos sentiremos motivados para rescatar a la gente de las llamas del infierno porque conocemos la verdad que les librará. La verdad libertará a los que respondan en el nombre de Jesús.

Jesucristo regresará pronto. ¡Tenemos una tarea que cumplir! Jesús advirtió a los creyentes que pensaran en todas las almas perdidas que pasarán la eternidad en el infierno si el evangelio no les es presentado. Los campos ya están listos y blancos para la siega y debemos contarles las buenas nuevas. Jesús dijo: *¿No dicen ustedes: "Todavía faltan cuatro meses para la cosecha?" Yo les digo: ¡Abran los ojos y miren los campos sembrados! Ya la cosecha está madura* (Juan 4:35b).

La realidad de un juicio eterno debería mover a todos los creyentes a odiar el pecado y buscar diligentemente a los perdidos para hablarles del plan maravilloso de Dios para la humanidad.

La gente que bromea acerca del infierno no tiene idea de cuán real será éste. Después que un individuo muere no habrá más oportunidad de escapar (Hebreos 9:27). Hay un viejo dicho que reza: «El camino hacia el infierno está plagado de buenas intenciones."»Si usted no se ha decidido todavía, ahora es el momento de aceptar la provisión de Dios en su Hijo, Jesucristo, para vivir para siempre. No tarde en hacerlo.

Reflexión
¿Cómo puede arrebatar a alguien a punto de caer en el infierno? ¿Ha hecho esto alguna vez?

Notas
1. Recopilado por John Myers, *Voices from the Edge of Eternity*, p. 22.
2. Derek Prince, *Foundation Series*, p. 583.

Edifiquemos para la eternidad

Larry Kreider, autor

Larry Kreider presta actualmente servicio como Director de DOVE International, una red de iglesias diseminadas por todo el mundo. DOVE International ha empleado con éxito la estrategia del Nuevo Testamento para edificar la iglesia «de casa en casa», apoyándose en los grupos pequeños, por más de dos décadas.

Como fundador de DOVE, Larry sirvió anteriormente 15 años como primer pastor de DOVE International en Pensilvania. Esta organización con principios pequeños creció por 25 años (y sigue creciendo) hasta alcanzar más de 730 congregaciones en 25 naciones.

Larry persigue la visión de edificar una iglesia establecida en grupos pequeños en todas las naciones del mundo. El clamor de su corazón es que muchos creyentes en todo el mundo se extiendan de casa en casa, de ciudad en ciudad y de país en país, en tanto se capacitan y enseñan a otros a hacer lo mismo. Él acentúa la necesidad de que los creyentes sean padres y madres espirituales para instruir a la próxima generación.

Larry es expositor principal en conferencias dictadas en los Estados Unidos y otros países, y viaja a menudo para enseñar a muchos líderes cristianos a hacer discípulos, fiel a la idea de los grupos pequeños.

Larry ha escrito más de 25 libros, incluida la recién aparecida serie de fundamentos bíblicos, en inglés y en español, *El descubrimiento de las verdades básicas del cristianismo* y *Edifique su vida sobre las verdades básicas del cristianismo*.

Él y su esposa LaVerne residen en Lititz, Pensilvania.

Información para solicitar conferencias del autor
Larry Kreider, Director Internacional
DOVE International
11 Toll Gate Road, Lititz, PA 17543
Tel: 717.627.1996
www.dcfi.org
LarryK@dcfi.org

www.ingramcontent.com/pod-product-compliance
Lightning Source LLC
LaVergne TN
LVHW051601070426
835507LV00021B/2695